남녘 남南에는 남쪽이 없다

-한자의 뿌리로 옛사람의 생각을 읽다

안성재 지음

어문학사

들어가면서

중국에서 가장 오래된 사전으로 평가받는 허신(許愼)의 『설문해자(說文解字)』 설명을 바탕으로, 2016년 『한자와 중국어』를 집필했습니다. 하지만 동명으로 대학 강의를 개설해 이 책으로 수업하면서, 『설문해자』 내용에 상당한 오류가 있다는 점을 거듭 확인했습니다.

그도 그럴 것이, 한자는 가장 오래된 형태인 상나라 때의 갑골문(甲骨文)과 주나라 때의 금문(金文) 그리고 진시황제가 전국을 통일하면서 만든 서체인 소전체(小篆體)를 거쳐 만들어진 형태입니다. 그런데 갑골문은 1800년대 후반인 청나라 말기에 발견되었으니, 시황제가 세운 진(秦)나라보다 늦은 동한(東漢) 시대에 태어난 허신(30~124년)은 갑골문을 본 적조차 없던 겁니다.

특히 진나라 이전인 선진(先秦)과 진나라 이후 차례로 등장한 서한 동한을 나타내는 양한(兩漢) 시대의 고문을 전공한 저로서는, 『도덕경』과 『논어』, 『예기』 등에서 허신의 한자에 대한 설명들을 받아들일 수 없는 증거들을 적잖이 찾아낼 수 있었습니다.

따라서 상술한 내용을 바탕으로, 이제 HNK(한중상용한자능력시험) 7, 8급에 해당하는 한자들을 대상으로 그 기원과 변화 과정을 살펴보겠습니다.

목차

- 1장 -

❽一(한 일)-❽二(두 이)-❽三(석 삼)

❽一(한 일): 一(yī)

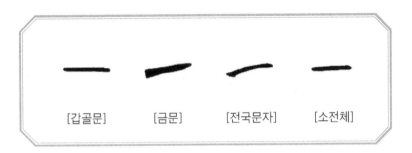

[갑골문] [금문] [전국문자] [소전체]

一(한 일)은 산(算)가지 하나의 모습을 형상화한 것이므로, 상형(象刑) 문자입니다.

산(算)가지는 계산할 때 사용하는 나뭇가지라는 뜻인데요.

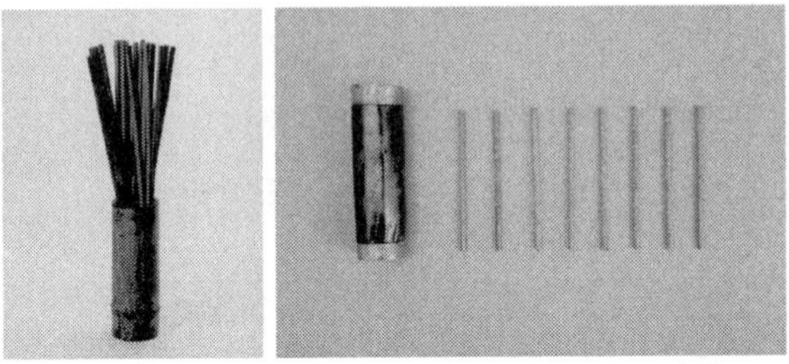

(좌)[출처: e뮤지엄 국립민속박물관] (우)[출처: e뮤지엄 국립청주박물관]

옛사람들은 물건의 수량을 셀 때 나뭇가지 하나를 내려놓고 한 개라고 표시했으므로, 막대기 한 개가 하나라는 뜻입니다.

한자는 여섯 가지의 규칙에 따라서 만들었는데, 이를 육서(六書) 즉 여섯 가지의 제자 원리(製字原理: 글자를 만드는 원칙)

라고 합니다. 상형(象刑)을 뒤집으면 형상(形象)이 되죠? 육서(六書) 중 하나인 상형 문자를 간단하게 설명하면 사물의 형상 즉 모양을 그대로 문자로 표현한 것이라고 할 수 있습니다.

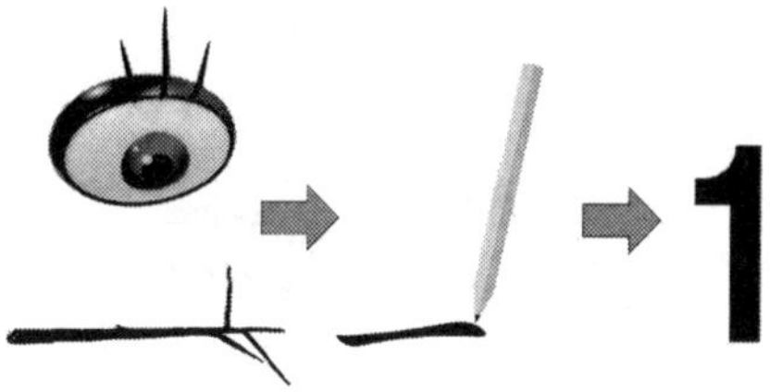

이처럼 상형 문자는 눈에 보이는 사물의 모양을 그대로 본떠서 만든 문자이므로, 사물의 모양이 바로 글자의 뜻이 됩니다. 이 개념은 형성(形聲)문자를 이해할 때 매우 중요하므로, 꼭 기억하세요.

❽二(두 이): 二(èr)

二(두 이)는 산가지 둘의 모습을 형상화한 것이므로, 이 역시 상형 문자입니다. 산가지 두 개의 모양이 둘이라는 뜻이 된 거죠.

❽三(석 삼): 三(sān)

三(석 삼)은 산가지 셋의 모습을 형상화한 것이므로, 이 역시 상형 문자입니다. 산가지 세 개의 모양이 셋이라는 뜻이 된 거죠.

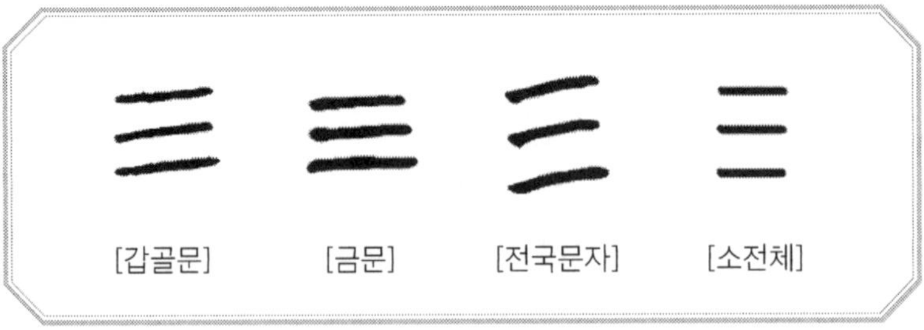

- 2장 -

❽七(일곱 칠)-❽十(열 십)-❼世(대 세)

❽七(일곱 칠): 七(qī)

七(일곱 칠)은 丨(열 십)의 7/10 부분을 칼로 그어 표시한 것으로, 이 역시 상형 문자입니다. 하나를 10으로 보았을 때 7에 해당하므로, 일곱이라는 뜻이죠.

[갑골문] [금문] [전국문자] [소전체]

한자의 가장 오래된 형태인 갑골문(甲骨文)과 그다음 오래된 금문(金文)을 보면, 이해하기가 더 쉬울 겁니다.

그러다가 진(秦)나라의 시황제가 춘추 전국 시대를 매듭짓고 문자를 통일하는 과정에서 만들어진 소전체(小篆體)부터, 十(열 십)과 구별하기 위해서 밑 부분을 꺾음으로써 오늘날의 모양이 된 거죠.

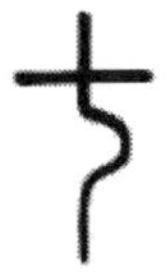

[소전체]

태고~B.C. 2070	~B.C. 1600	~B.C. 1046	~B.C. 770	~B.C. 403	~B.C. 221	~B.C. 2020
삼황오제(三皇五帝)	하(夏)	상(商)	주(周)	동주(東周) 춘추(春秋) 시대	전국(戰國) 시대	진(秦)

□ 대동(大同) 시대 □ 소강(小康) 시대 □ 암흑기

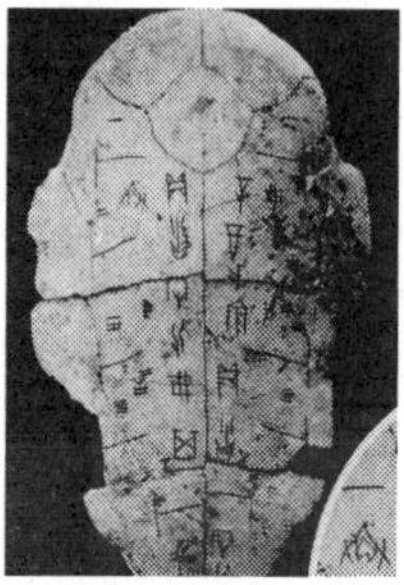

왼쪽 사진의 갑골문(甲骨文)은 1899년에 안양현 소둔촌 즉 상(商)나라 유적지에서 출토된 유물인데, 상나라는 은(殷)나라로 불려서 이 유적지를 은허(殷墟)라고 부르기도 합니다. 따라서 갑골문은 은허에서 발굴된 거북이의 배(배딱지)인 귀갑(龜甲)과 짐승의 어깨뼈(견갑골)인 수골(獸骨)에 새겨진 중국의 고대 상형 문자인데, 후대에 귀갑의 갑(甲)과 수골의 골(骨)을 합쳐서 갑골문이라고 칭하기 시작했습니다.

반면 오른쪽 사진의 금문(金文)은 주나라 때 쓰인 문자로서, 청동기에 새긴 문자 형태입니다.

七(일곱 칠)은 丨(열 십)의 7/10 부분을 칼로 그어 표시한 모양이라고 했죠? 이제 여기서 十(열 십)을 살펴보겠습니다.

❽十(열 십): 十(shí)

十(열 십)은 원래 가로획인 一(한 일)과 구별하기 위해서 세로획인 丨(열 십)으로 표시한 지사 문자입니다.

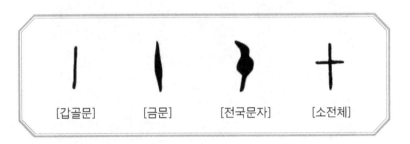

[갑골문] [금문] [전국문자] [소전체]

丨(열 십)은 세월이 흐르면서 가운데 부분을 두툼하게 표시했고, 점차 지금의 모양인 十(열 십)으로 변하게 된 겁니다. 진(秦)나라 때 十(일곱 칠)이 왜 밑부분을 꺾은 형태인 七(일곱 칠)로 바뀐 것인지 이해할 수 있겠죠?

여섯 가지의 제자 원리인 육서(六書) 중 하나인 지사(指事) 문자는 말 그대로 '일을 가리키는' 문자입니다. 형체가 있는 사물과 달리 '할 일'이나 '사랑' 같은 추상적인 것에는 고정된 형태가 없으므로, 이를 문자로 표현하는 건 쉽지 않은데요. 바로 이러한 고정적인 형태가 없는 형이상학적 개념을 기호로 만든 것이 지사 문자입니다.

❼世(대 세): 世(shi)

世(대 세)는 十(열 십)을 세 개 붙인 회의 문자입니다.

[금문] [초계간백] [소전체]

사람의 한 세대는 대략 30년이므로, 十(열 십)을 을 세 번 쓴 거죠.

회의(會意) 문자는 한 글자의 뜻과 다른 글자의 뜻을 모아서 새로운 뜻을 만든 문자라는 뜻입니다. 따라서 문자를 두 부분 이상으로 나눌 수 있는데요. 이 점은 뒤에서 설명할 형성(形聲) 문자를 이해할 때도 필요하므로, 잘 기억해두기 바랍니다. 다만 회의 문자는 형성 문자와 달리 문자를 구성하는 부분이 소리를 제공하진 않고, 하나의 뜻과 다른 뜻이 합쳐져 새로운 뜻을 파생시킨다는 게 다른 점이죠.

- 3장 -

❽九(아홉 구)-❼力(힘 력)-❼男(사내 남)

-❹田(밭 전)-❼里(마을 리)-❽土(흙 토)

❽九(아홉 구): 九(jiǔ)

九(아홉 구)는 사람의 팔을 문자로 표현했습니다. 따라서 언뜻 보면 상형 문자 같지만, 문자의 모양 자체가 뜻을 나타내지 않는다는 점에 유의해야 합니다.

[갑골문] [금문] [전국문자] [소전체]

사람의 팔은 접었다가 펼 수 있는데, 팔을 접으면 막혀서 더 이상 나아갈 수 없으므로 끝이 나지만, 펴면 다시 앞으로 나아갈 수 있죠.

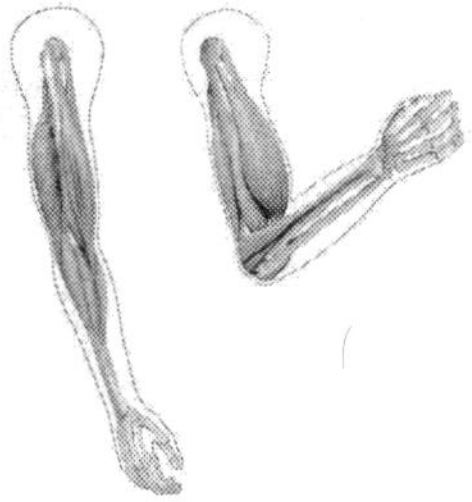

즉 九(아홉 구)는 한 자리 숫자의 끝이자 두 자리 숫자로 나아갈 수 있는 출발점이라는 뜻을 함축한 지사 문자입니다.

❼力(힘 력): 力(lì)

力(힘 력)은 농기구인 갈퀴의 모습을 문자로 옮겨왔습니다. 하지만 이 문자의 뜻이 갈퀴가 아니므로, 상형 문자에 해당하지 않습니다.

[갑골문] [금문] [전국문자] [소전체]

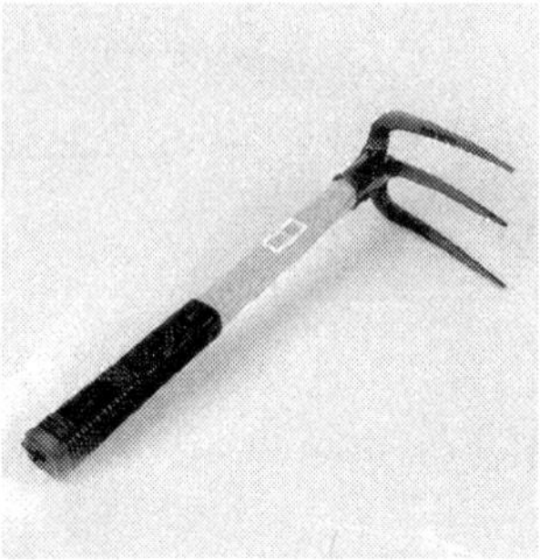

사람들이 농기구를 쓰는 이유는 그만큼 힘을 덜 들이고 밭을 갈 수 있기 때문입니다. 즉 농기구인 갈퀴는 그만큼 사람보다 힘이 세다는 걸 의미하므로, 지사 문자가 되는 거죠.

그런데 九(아홉 구)와 力(힘 력)은 갑골문과 금문의 모양이 매우 비슷합니다. 그래서 九(아홉 구)가 力(힘 력)과 마찬가지로 갈퀴의 모양을 따온 거라고 말하는 이들도 있습니다.

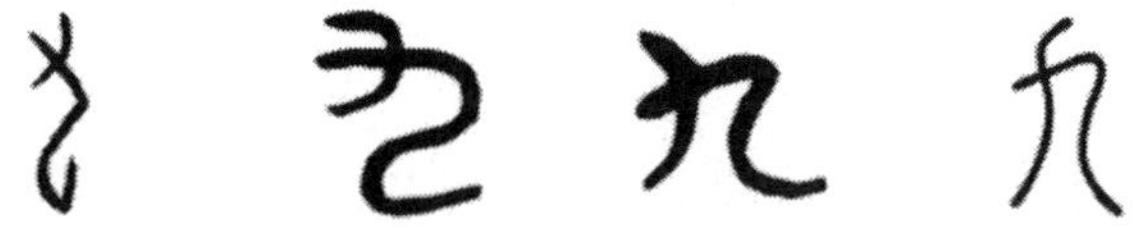

[갑골문] [금문] [전국문자] [소전체]

[갑골문] [금문] [전국문자] [소전체]

하지만 九(아홉 구)는 손잡이 부분이 휘어진 반면, 力(힘 력)은 똑바르죠. 만약 九(아홉 구)가 갈퀴의 모양을 따온 거라면, 손잡이가 휘어질 순 없을 겁니다. 당시에는 플라스틱이 발명되지 않았을 때니까요. 더욱이 九(아홉 구)의 뜻이 어떤 면에서 농기구 갈퀴의 특성과 연결될 수 있다는 건지 딱히 명쾌하게 논리적으로 설명할 수 없다는 것도 문제가 될 겁니다.

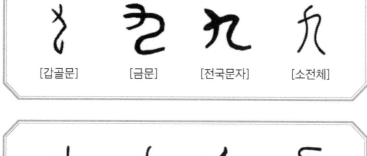

⑦男(사내 남): 男(nán)

男(사내 남)은 力(힘 력)과 田(밭 전)이 합쳐진 회의 문자입니다. 밭에서 힘을 쓰는 사람은 바로 사내라는 뜻인데요.

[갑골문] [금문] [전국문자] [소전체]

인류가 농경 사회로 진입하기 전에는 여성 상위의 모계 중심 사회였습니다. 생명을 잉태하는 능력은 남성에게 없었으므로, 여성이 신성시되었기 때문이죠. 그러다가 인류가 한곳에 정착하여 농사를 짓기 시작하면서 힘을 쓰는 것이 중시되었고, 이때부터 점차 남성 중심의 부계 사회가 된 거죠.

❹田(밭 전): 田(tián)

田(밭 전)은 논밭의 모양을 그대로 가져온 상형 문자입니다.

[갑골문] [금문] [전국문자] [소전체]

⑦里(마을 리): 里(lǐ)

里(마을 리)는 田(밭 전)과 土(흙 토)가 합쳐져 만들어진 회의 문자입니다.

[금문] [전국문자] [소전체]

말 그대로 '밭이 있는 땅'이라는 뜻을 지녔는데요. 밭은 자연스레 생겨난 게 아니라 사람의 손길에 의해 만들어진 인위적인 땅이죠. 따라서 밭이 있는 곳은 다름 아닌 사람이 모여 사는 땅이고, 그러한 곳이 바로 '마을'이라는 뜻을 지니게 된 겁니다.

❽土(흙 토): 土(tǔ)

土(흙 토)는 바닥에 쌓아 올린 흙의 모습을 그려낸 상형 문자입니다.

[갑골문] [금문] [전국문자] [소전체]

바닥에 쌓인 게 흙이라는 뜻이죠. 주나라 때는 모양이 ‘ㅗ‘로 바뀌었다가, ‘ㅣ’의 중간 부분이 점점 두꺼워지면서 오늘날의 ‘土’가 된 겁니다.

- 4장 -

❽火(불 화)-❼然(그러할 연)-肰(개고기 연)

-❹犬(개 견)-❹肉(고기 육)

❽火(불 화): 火(huǒ)

火(불 화)는 불의 모양을 그대로 가져온 상형 문자입니다.

火(불 화)가 다른 문자와 합쳐져서 받침으로 쓰일 때는 점 네 개를 찍어서 표현하기 시작했습니다. 烈(세찰 열)이나 熱(더울 열)을 예로 들 수가 있는데요.

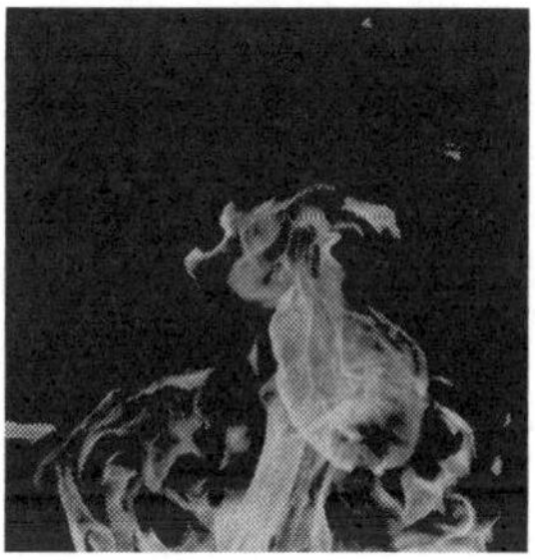

냄비를 끓이는 모습을 떠올리면 이해가 쉬울 겁니다.

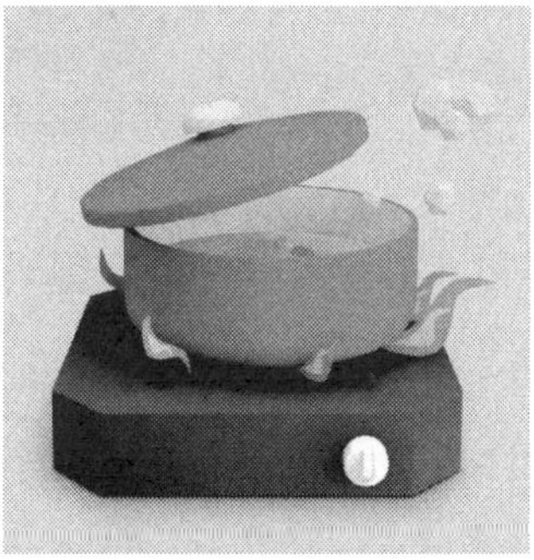

灬

❼然(그러할 연): 然(rán)

然(그러할 연)은 肰(개고기 연)과 火(불 화) 받침이 합쳐진 형성 문자입니다. '그러하다, 명백하다, 분명하다'라는 뜻을 지니는데요.

형성(形聲) 문자는 모양(形)과 소리(聲)로 나뉘는 문자를 뜻합니다. 상형 문자를 설명할 때 모양은 글자의 뜻이 된다고 했죠? 따라서 형성 문자는 반드시 뜻(形)을 담당하는 부분과 소리(聲)를 나타내는 부분으로 나뉘게 됩니다. 앞에서 언급한 회의 문자와 마찬가지로, 두 부분 이상으로 나눌 수 있죠. 다만 회의 문자는 소리를 제공하는 부분 없이, 뜻과 뜻을 합쳐서 새로운 뜻을 파생시킨다는 게 다른 점입니다. 그런데 형성 문자에서 소리를 담당하는 부분은 단순히 소리만 제공하는 게 아니라, 뜻을 이루는 데도 관여하고 있습니다.

肰	+	火	=	然
(개고기 연)		(불 화)		(그러할 연)

然(그러할 연)은 肰(개고기 연)과 火(불 화) 받침이 합쳐진 형태입니다. 따라서 이 문자는 소리를 제공한 肰(개고기 연)과 뜻을 나타내는 火(불 화)가 합쳐져, 개고기는 불에 익혀서 그렇게

먹는 것이 명백한 도리라는 뜻을 지닙니다. 이처럼 소리를 담당하는 肰(개고기 연)이 뜻도 일정 부분 제공하는 거죠.

肰(개고기 연)은 肉(고기 육)과 犬(개 견)이 합쳐진 문자이고, 犬(개 견)에서 '연' 발음이 왔으므로 형성 문자가 됩니다. 두 문자를 언급했으니, 여기서 둘 다 함께 짚고 넘어가기로 하죠.

❹犬(개 견): 犬(quǎn)

犬(개 견)은 개의 모습을 그대로 본뜬 상형 문자입니다. 다만 위는 머리, 중간은 앞발, 그리고 아래는 뒷발과 꼬리를 그린 형태이죠.

④肉(고기 육): 肉(ròu)

肉(고기 육)은 고깃덩어리의 모양을 문자로 옮겨 놓은 상형문자입니다.

[갑골문] [전국문자] [소전체]

먼저 고깃덩어리의 윤곽을 그린 후, 그 안에 보이는 붉은 살과 하얀 지방이 섞인 모습을 선으로 그어서 묘사한 겁니다. 그런데 지방(脂肪)처럼 肉(고기 육)을 다른 글자와 함께 쓸 땐, 언뜻 보면 마치 月(달 월)과 비슷합니다. 따라서 月이 들어가는 한자를 보게 되면, 그 한자의 뜻이 '고기' 또는 '달' 중에 어느 것과 더 관련이 있는지 봐가면서 구분해야 합니다.

- 5장 -

❽月(달 월)-❼夕(저녁 석)-❽外(바깥 외)

-❸卜(점 복)-❼名(이름 명)

❽月(달 월): 月(yuè)

[갑골문] [금문] [전국문자] [소전체]

月(달 월)은 달의 초승달 모양을 따온 상형 문자입니다. 가운데 점은 분화구(crater)를 그려 넣은 거죠.

특히 문자 모양이 앞에서 소개한 肉(고기 육)과는 처음엔 확연히 달랐는데, 진나라 소전체에 가서 비슷해졌다는 걸 알 수 있습니다.

[갑골문] [전국문자] [소전체]

❼夕(저녁 석): 夕(xī)

夕(저녁 석)은 초승달과 그 안에 희미해서 잘 보이지 않는 분화구(crater)를 그린 지사 문자입니다.

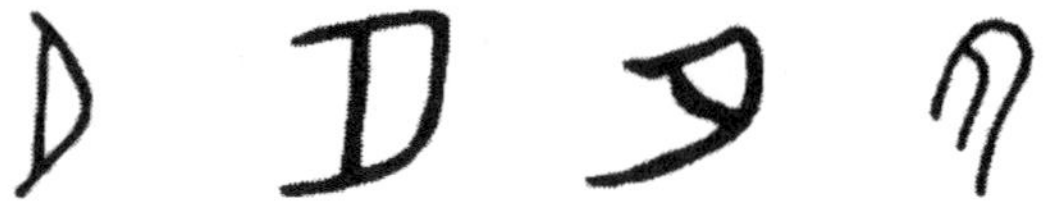

[갑골문] [금문] [전국문자] [소전체]

아직 달 속의 분화구(crater)가 잘 보이지 않는 때가 저녁이라는 뜻이죠. 달의 모양을 그려냈지만, 문자가 가리키는 뜻은 형체가 없는 '저녁'이라는 뜻이므로 지사 문자가 됩니다.

❽外(바깥 외): 外(wài)

外(바깥 외)는 夕(저녁 석)과 卜(점 복)이 합쳐진 회의 문자입니다.

[금문] [전국문자] [소전체]

본래 점은 하늘의 뜻을 알기 위해서 목욕재계한 후 이른 아침에 치는데, 저녁에 점을 치는 건 관례에서 벗어난 범위 즉 '바깥'이라는 뜻이 됩니다.

❸卜(점 복): 卜(bǔ)

卜(점 복)은 거북이의 배(배딱지)인 귀갑(龜甲)과 짐승의 어깨뼈(견갑골)인 수골(獸骨)에 생긴 가로와 세로 균열 모양을 그대로 본뜬 상형 문자입니다.

[갑골문] [금문] [전국문자] [소전체]

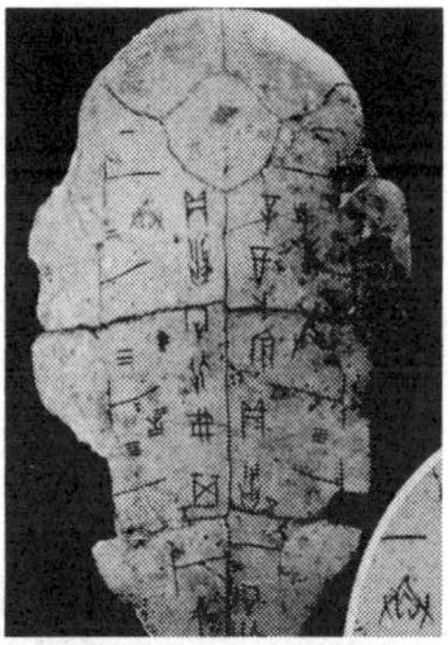

옛사람들은 하늘을 가장 두려워해서, 하늘의 뜻을 알기 위해서 제사를 지냈습니다. 그때 귀갑이나 수골에 묻고 싶은 내용, 예를 들어서 "올해는 비가 많이 올까요?"라는 내용의 문자를 새긴 후 불에 달궜습니다.

시간이 지나면서 갑골은 벌겋게 익다 못해 탁탁 소리를 내며 균열을 일으킵니다. 그때 제일 먼저 생긴 균열이 가로 모양이면, 사람들은 하늘이 질문에 '그렇다'라는 긍정의 대답을 한 걸로 간주했습니다. 반대로 세로 모양의 균열이 먼저 생기면 '아니다'라고 여겼죠. 따라서 갑골에 생긴 가로 세로의 모양이 '점, 점치다'라는 뜻이 된 겁니다.

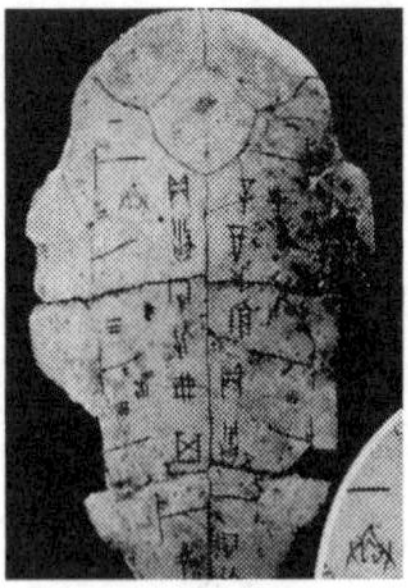

❼名(이름 명): 名(míng)

名(이름 명)은 夕(저녁 석)과 口(입 구)가 합쳐진 회의 문자입니다.

저녁이 되어 어두워지면 상대방이 누구인지 잘 보이지 않으므로, 입으로 자기가 누구인지를 밝히는 것이 이름이라는 뜻입니다.

- 6장 -

❼口(입 구)-❸舌(혀 설)-❺言(말씀 언)

-❼上(위 상)-❼下(아래 하)-❺示(보일 시)

-❼祖(조상 조)-❸且(공경할 저/또 차)-❼話(말씀 화)

-❼語(말씀 어)-❸吾(나 오)-❽五(다섯 오)

-❼記(기록 기)-❺己(몸 기)-❼文(글월 문)

❼口(입 구): 口(kǒu)

口(입 구)는 사람의 얼굴 윤곽과 그 아랫부분의 입이 굳게 다물어진 모습을 묘사한 상형 문자입니다.

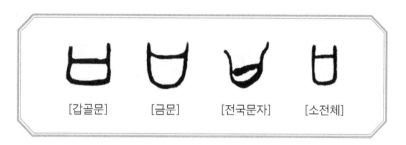

[갑골문] [금문] [전국문자] [소전체]

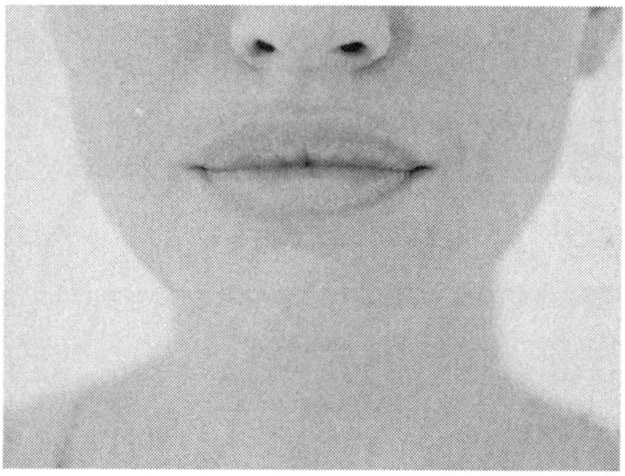

말을 하거나 음식을 먹는 얼굴의 아랫부분이 입이라는 뜻이죠. 갑골문과 금문의 모양을 봐도, 입 모양 'ㅁ'에서 따온 거라는 설명은 잘못된 것임을 알 수 있습니다.

❸舌(혀 설): 舌(shé)

舌(혀 설)은 뱀 등 혀끝이 갈라진 파충류 입에서 뻗어 나온 혀의 모습을 묘사한 상형 문자입니다.

[갑골문] [금문] [전국문자] [소전체]

[갑골문]

혀만 그린 것도 있고, 혀 주변의 타액을 표시한 형태도 있습니다.

❺言(말씀 언): 言(yán)

言(말씀 언)은 舌(혀 설)과 上(위 상)이 합쳐진 회의 문자입니다.

[갑골문] [금문] [전국문자] [소전체]

말 그대로 위(上)를 향해서 혀(舌)를 놀리는 것이므로, 윗사람에게 보고하는 걸 의미합니다. 그래서 우리는 상관에게 말씀드리는 것을 간언(諫言)한다고 하죠.

특히 금문의 또 다른 형태를 보면 아래의 舌(혀 설) 위에 上(위 상)의 옛 형태가 있음을 알 수 있습니다. 여기서 上(위 상)도 함께 짚고 가겠습니다.

[금문]

❼上(위 상): 上(shàng)

上(위 상)은 기준을 뜻하는 아래의 긴 선(一)과 그 기준 위에 있음을 나타내는 짧은 선(-)이 합쳐진 지사 문자입니다.

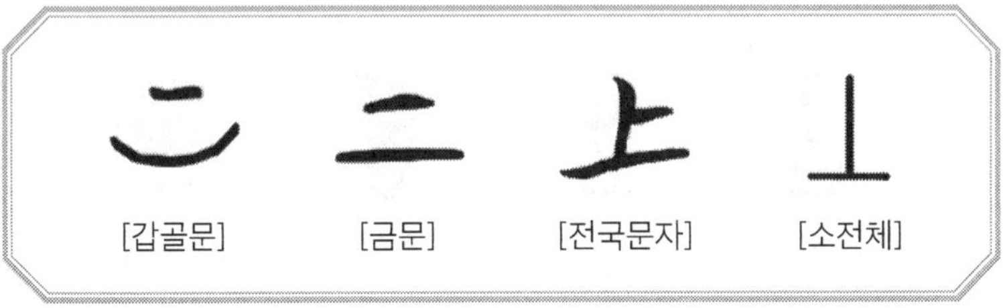

❼下(아래 하): 下(xià)

下(아래 하)는 上(위 상)과 반대로, 기준을 뜻하는 위의 긴 선(一)과 그 기준 아래에 있음을 나타내는 짧은 선(-)이 합쳐진 문자입니다.

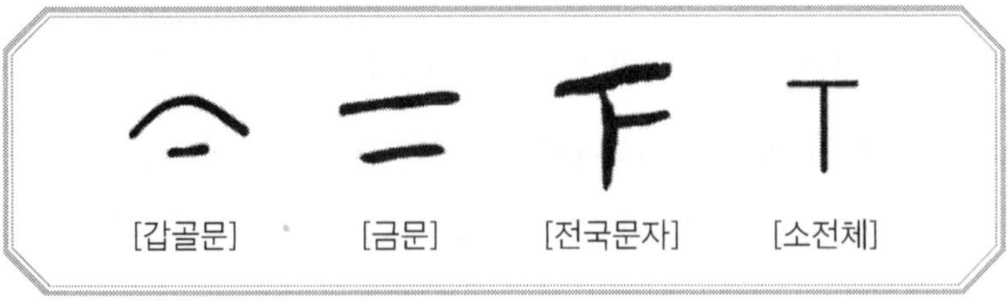

❺示(보일 시): 示(shi)

示(보일 시)는 上(위 상)과 川(하늘로 올라가는 기운)이 합쳐진 지사 문자입니다.

二(위 상) 아래의 '丨'은 아래에서 위로 올라가는 기운을 묘사한 것으로, 목욕탕이나 온천을 뜻하는 표시

를 보면 쉽게 이해가 될 겁니다. 아래의 동그라미는 수조나 욕조를 뜻하고, 가운데의 '川'은 아지랑이처럼 위로 올라가는 기운을 뜻하죠.

따라서 示(보일 시)는 '위로 올라가는 기운' 즉 생명체의 육신이 죽었을 때 빠져나와 하늘로 올라가는 영혼을 뜻합니다. 示(보일 시)의 보인다는 말은 눈으로 보인다는 걸 의미하는 것이 아니라, 비록 눈에는 보이지 않지만 그 존재를 믿을 수 있다는 뜻인 셈이죠. 그래서 示(보일 시)가 함께 붙는 神(귀신 신)과 禮

(예절 예) 그리고 祖(조상 조) 모두 영혼을 의미합니다. 여기서는 祖(조상 조)에 대해서 살펴보겠습니다.

❼祖(조상 조): 祖(zǔ)

祖(조상 조)는 示(보일 시)와 且(공경할 저/또 차)가 합쳐진 형성 문자입니다. 하지만 소리를 제공하는 且(공경할 저/또 차)는 뜻에도 일정 부분 기여를 하죠. 따라서 공경해야 하는 영혼이 바로 조상이라는 뜻을 지닙니다.

[갑골문] [금문] [소전체]

祖(조상 조)의 갑골문은 且(공경할 저/또 차)와 기본적으로 형태가 같습니다. 하지만 금문부터는 영혼을 의미하

는 示(보일 시)가 추가되었죠. 따라서 且(공경할 저/또 차)도 알아보겠습니다.

❸且(공경할 저/또 차): 且(jū/qiě)

且(공경할 저/또 차)는 제사에 쓰이는 그릇인 제기(祭器)에 가득 쌓아 올린 음식의 모습을 묘사했습니다.

[갑골문] [금문] [초계간백] [진계간독] [소전체]

조상에게 제사를 지낼 때 음식을 풍성하게 쌓아 올리는 게 조상을 공경하는 예절 바른 자세라는 뜻이죠. 이와 관련하여 다음 기록을 살펴보겠습니다.

夫禮之初，始諸飮食

무릇 예의 처음은, 음식에서 시작한 것이다.

-『예기』, 「예운」

나아가 음식을 높이 쌓으려면 반복해서 거듭 올려야 하므로, '또'라는 뜻도 생겼습니다. 따라서 전주 문자에 해당하기도 합니다.

한자는 문자마다 고유의 한 가지 뜻을 지니고 있습니다. 그렇다면 중국인들은 새로운 물건이나 개념을 발견 또는 발명할 때마다 문자를 만들어야 할 겁니다. 실제로 현존하는 한자의 수는 5만 개가 넘죠. 따라서 중국인들은 오래전부터 이 문제점에 대해서 고민하기 시작했고, 그 문제점을 해결하기 위해서 고안해낸 것이 바로 육서(六書) 중 하나인 전주(轉註) 문자입니다. 전주는 새로운 한자를 더 이상 만들지 않고, 기존의 한자에 있는 의미를 확장하여 돌려쓰는 방법이라고 할 수 있는데요.

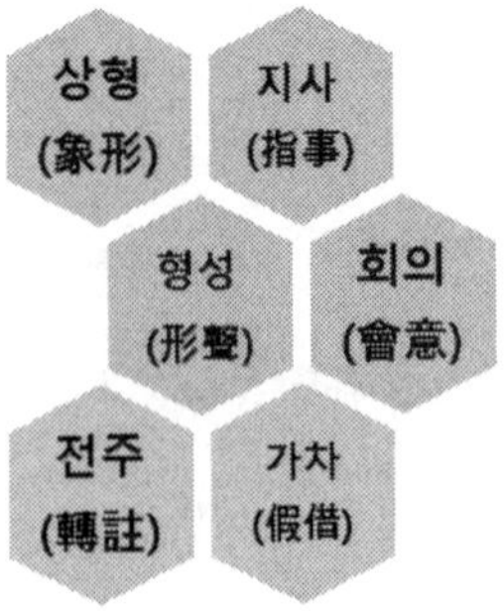

좀 더 구체적으로 말해서, 육서 중 앞에서 설명했던 상형·지사·형성 그리고 회의 문자는 순수하게 한자를 만드는 방법인 반면, 전주와 가차(假借)는 엄밀히 말해서 한자의 뜻을 확

대하여 응용하는 방법이라고 할 수 있습니다.

❼話(말씀 화): 话(huà)

話(말씀 화)는 言(말씀 언)과 舌(혀 설)이 합쳐진 회의 문자입니다.

[금문] [전국문자] [소전체]

言(말씀 언)이 비교적 간단하고 분량이 적은 말이라면, 話(말씀 화)와 바로 뒤에서 소개할 語(말씀 어)는 말(言)이 쌓여 비교적 복잡하고 분량이 많은 말 즉 이야기나 기록을 뜻합니다.

특히 言(말씀 언)이 왼쪽에 놓여 방(旁)으로 쓰인 경우에는, 다음과 같이 더 간략하게 씀에 유의해야 합니다. 그래서 번체자와 간체자의 모양이 약간 다르죠.

讠

❼語(말씀 어): 语(yǔ)

語(말씀 어)는 言(말씀 언)과 吾(나 오)가 합쳐진 회의 문자입니다.

[금문] [전국문자] [소전체]

따라서 語(말씀 어)를 이해하기 위해 먼저 吾(나 오)에 대해 설명하겠습니다.

❸吾(나 오): 吾(wú)

吾(나 오)는 五(다섯 오)와 口(입 구)가 합쳐진 형성 문자입니다.

하지만 소리를 담당하는 五(다섯 오)는 뜻도 함께 주고 있죠. 따라서 먼저 五(다섯 오)부터 집고 넘어가야겠죠?

❽五(다섯 오): 五(wǔ)

五(다섯 오)는 二(위와 아래)라는 공간 사이에 ×(교차됨)을 표시하여 넷보다 많다는 의미로 쓴 지사 문자입니다.

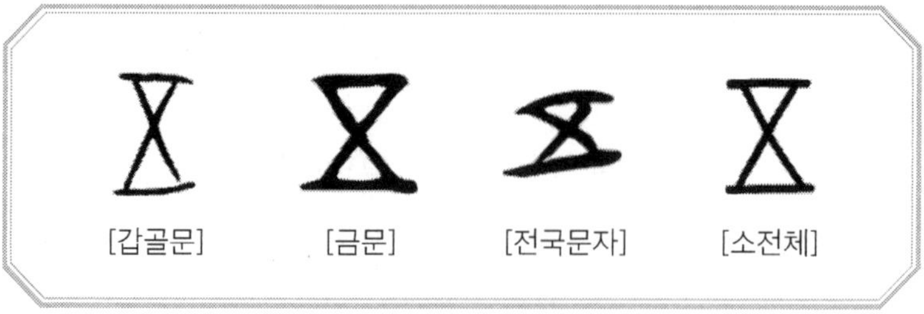

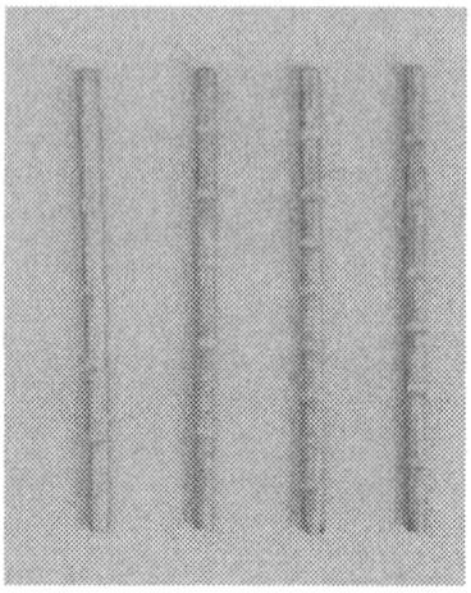

[출처: e뮤지엄 국립청주박물관]

위의 사진처럼 四(넉 사)의 원래 모습은 산가지 넷을 나란히 배열한 형태였습니다. 三(석 삼)과 구별하기가 쉽지 않아서, 후에 모양이 바뀌었죠. 따라서 五(다섯 오)는 넷보다 많다는 의미로 첫 번째와 마지막 다섯 번째 산가지만 남기고(二), 두 번째부터 네 번째 산가지를 생략하여 '×(교차됨)'이라고 표시한 거죠. 즉 '×(교차됨)'은 '많다, 복잡하다'라는 뜻을 지닙니다.

지금까지 설명한 내용을 바탕으로 吾(나 오)를 보면, '나'라는 단어의 뜻은 바로 입에서 복잡하고도 많은 말이 튀어나오는 존재가 됩니다.

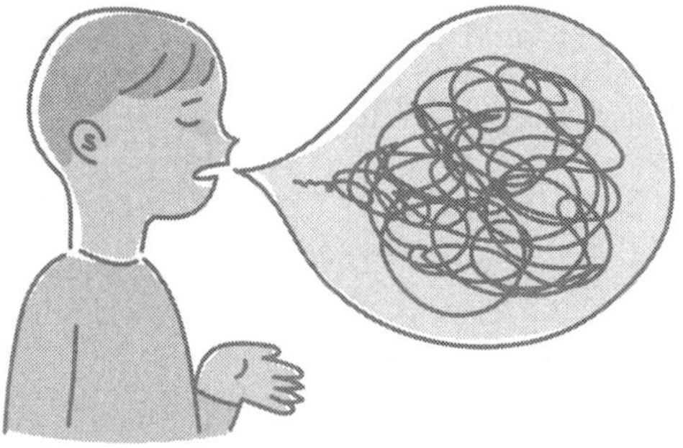

그러므로 앞에서도 이미 언급했듯이, 語(말씀 어)는 話(말씀 화)와 마찬가지로 간단한 말(言)들이 쌓인 복잡한 내용의 이야기나 기록을 의미하죠.

❼記(기록 기): 记(ji)

記(기록 기)는 言(말씀 언)과 己(몸 기)가 합쳐진 형성 문자입니다.

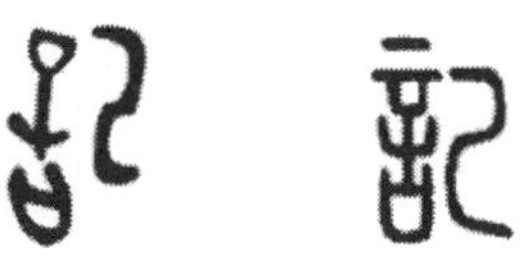

[금문] [소전체]

말씀(言)을 문자로 남긴다(己)는 뜻을 지니죠. 그렇다면 己(몸 기)의 원래 의미는 '문자로 남기다, 기록하다'가 되는데, 왜 오늘날에는 '몸'이라는 뜻으로 사용될까요? 이제 己(몸 기)에 대해서 살펴보겠습니다.

❺己(몸 기): 己(jǐ)

己(몸 기)는 끈(밧줄)의 모양을 그대로 그린 상형 문자입니다.

따라서 갑골문과 금문을 보면 오늘날의 己(몸 기)와 같은 형태도 있지만, 오히려 영어 S(에스)를 닮은 형태도 있죠. 이는 끈(밧줄)으로 모양을 만들어 뭔가를 표시

한 겁니다. 이와 관련하여 다음 기록을 보겠습니다.

> 80-2: 雖有舟輿, 無所乘之; 雖有甲兵, 無所陳之; 使人復結繩而用之
>
> 비록 배나 수레가 있어도 탈 일이 없고 비록 무기가 있어도 꺼낼 일이 없으니, 사람들이 다시 끈으로 매듭지어 사용하게끔 한다.
>
> -『도덕경』, 「80장」

사람들이 다시 끈으로 매듭지어 사용한다는 건, 결승(結繩) 문자를 사용하던 시대로 다시 돌아갈 수 있다는 걸 뜻합니다. 그렇다면 노자는 무슨 의미로 이렇게 말한 걸까요?

태고~B.C. 2070	~B.C. 1600	~B.C. 1046	~B.C. 770	~B.C. 403	~B.C. 221	~B.C. 2020
삼황오제(三皇五帝)	하(夏)	상(商)	주(周)	동주(東周) 춘추(春秋) 시대	전국(戰國) 시대	진(秦)

□ 대동(大同) 시대 ▒ 소강(小康) 시대 ▓ 암흑기

한자의 최초 형태는 상(은)나라의 유적지인 은허에서 발견된 갑골문이라고 했습니다. 그렇다면 갑골문 이전 사람들은 어떤 방법으로 기록했을까요?

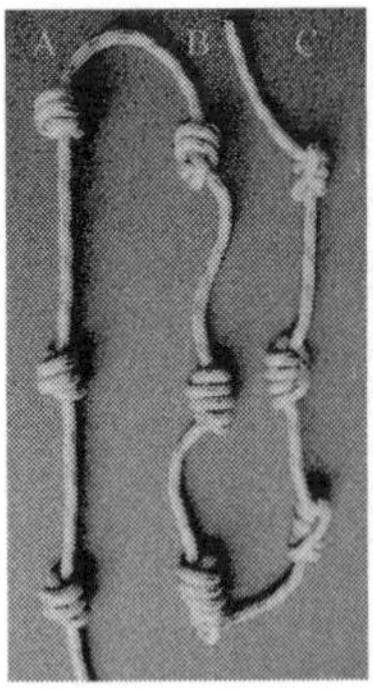

그건 바로 새끼에 매듭을 지어 의사를 전달하던 결승 문자입니다. 원시 인류가 사용한 문자라고 할 수 있죠. 따라서 노자의 말은 "소강 사회였던 상나라를 넘어, 결승 문자를 사용하던 대동 사회로 돌아갈 수 있다."라는 뜻이 되는 겁니다.

이처럼 己(몸 기)는 원래 '문자로 남기다, 기록하다'라는 뜻을 지녔었음을 알 수 있습니다. 즉 지사 문자가 되는 거죠. 그런데 갑골문부터 존재하던 己(몸 기)와 달리, 記(기록 기)는 주나라 때의 금문이 최초 형태임을 알 수 있습니다. 바꿔 말해서 주나라 때부터 己(몸 기)는 '몸'을 나타내고, '기록하다'는 뜻은 記(기록 기)로 사용하기 시작한 건데요. 이제 그 이유에 대해서 알아보겠습니다.

❼文(글월 문): 文(wén)

文(글월 문)은 문신이 새겨진 사람 몸을 표현한 상형 문자입니다.

[갑골문] [금문] [전국문자] [소전체]

따라서 본래는 '사람 몸에 새긴 문양, 무늬, 문신'이라는 뜻을 나타냈죠. 그러다가 후대에 紋(무늬 문)을 만들어 '문양, 무늬'라는 뜻으로 사용하면서, 文(글월 문)은 '글자, 글월'이라는 뜻으로만 쓰게 된 겁니다. 그렇다면 文(글월 문)은 어떻게 '글자, 글월'이라는 뜻으로 전용된 걸까요?

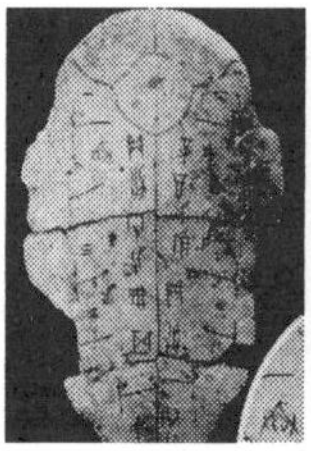

갑골문과 금문의 문자는 새겨진 것이므로, 文(글월 문)의 원래 뜻은 사라지고 오늘날처럼 '글자, 글월'이라는 뜻으로만 쓰게 된 겁니다.

文(글월 문) ⇨ 紋(무늬 문) ⇨ '글자, 글월'
己(몸 기) ⇨ 記(기록 기) ⇨ '몸'

즉, 文(글월 문)이 본디 '몸에 새긴 글자나 무늬'를 뜻했으나 紋(무늬 문)을 만들면서 종전의 뜻 대신 '갑골문이나 금문처럼 새긴 글자'라는 뜻을 얻게 된 것처럼, 己(몸 기) 역시 記(기록 기)를 만들면서 원래 뜻인 '문자로 남기다'라는 뜻은 잃고 '문자를 새기는 몸체'라는 뜻을 얻게 된 거죠.

- 7장 -

❽民(백성 민)-❻目(눈 목)-❼直(곧을 직)

-❼植(심을 식)-❽木(나무 목)-❼林(수풀 림)

-❼休(쉴 휴)-❽校(학교 교)-❻交(사귈 교)

-❽東(동녘 동)-❽西(서녘 서)

❽民(백성 민): 民(mín)

民(백성 민)은 目(눈 목)에 선을 그은 형태인데요. 바로 왼쪽 눈을 칼로 그은 모습을 문자로 옮겨 놓은 상형 문자입니다.

[갑골문] [금문] [전국문자] [소전체]

주(周)나라는 적국의 포로를 백성으로 삼을 때, 왼쪽 눈을 칼로 그어서 원래부터 우리의 백성은 아니었음을 표시했다고 하죠.

❻目(눈 목): 目(mù)

目(눈 목)은 눈의 모양을 그대로 본뜬 상형 문자입니다.

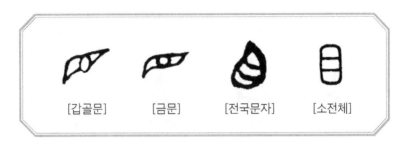

[갑골문] [금문] [전국문자] [소전체]

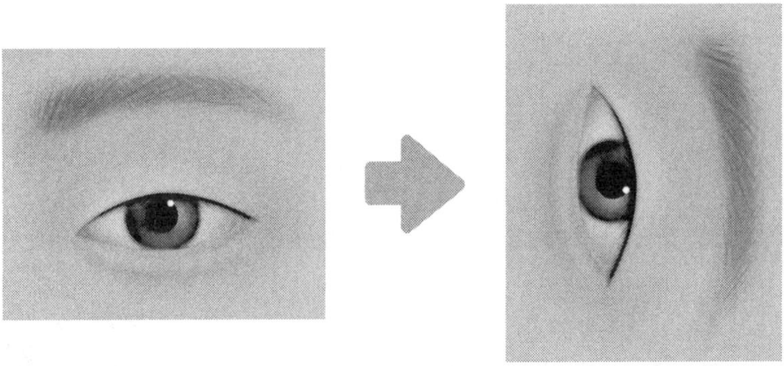

원래는 눈동자의 모양을 그대로 나타낸 가로 형태였지만, 나중에 문자의 균형미를 살리기 위해서 세로로 바뀐 것임을 알 수 있죠.

❼直(곧을 직): 直(zhí)

直(곧을 직)은 丨(열 십)과 目(눈 목)이 합쳐진 회의 문자입니다. 열 개의 눈으로 바라보면, 바르고 곧아진다는 뜻인데요.

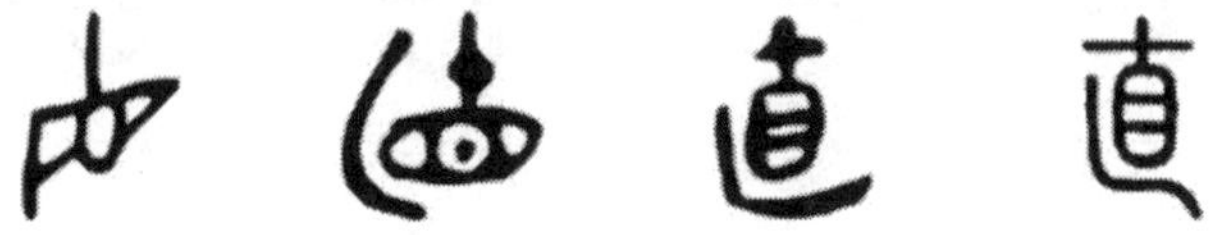

[갑골문] [금문] [전국문자] [소전체]

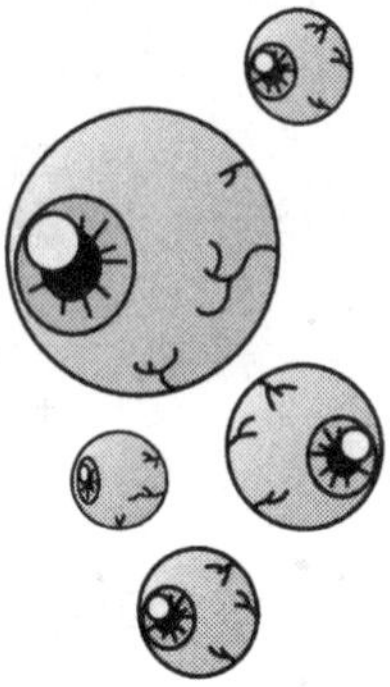

주나라에 들어서 금문부터 乚(숨을 은)이 추가됨으로써, 열 개의 눈으로 바라보면 숨길 수가 없으므로 곧아진다는 뜻으로 정착된 겁니다.

회의 문자는 형성 문자와 달리 문자를 구성하는 부분이 소리를 제공하진 않고, 하나의 뜻과 다른 뜻이 합쳐져 새로운 뜻을 파생시킨다는 게 다른 점이라고 했죠. 이처럼 말입니다.

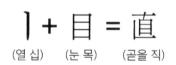

丨 + 目 = 直

(열 십) (눈 목) (곧을 직)

그런데 直(곧을 직)의 모양이 중국 대륙의 간체자(簡體字) 直(zhí)와는 차이가 있다는 걸 알 수 있습니다. 여기서 번체자(繁體字)와 간체자(簡體字)에 대해서 설명하겠습니다.

1921년 창당한 중국 공산당은 1949년 국민당과의 내전에서 승리한 후, 마오쩌둥(毛澤東) 주석(主席)을 중심으로 일련의 정책을 통한 국가 개혁을 추진합니다.

당시에는 대자보를 붙여서 국민과 의사소통하는 방법밖에 없었습니다. 오늘날처럼 라디오나 TV, 인터넷, 핸드폰 등 다양한 매체를 통하는 것이 불가능했죠. 그런데 대자보에 쓰이는 중국의 문자인 한자는 복잡했고 학습도 쉽지 않았기 때문에, 정책 추진에 아주 커다란 걸림돌이 되었습니다. 다시 말해서 당시 중국에는 문맹(文盲)이 대단히 많아서, 새로운 정책이 대자보를 통해 통보되어도 국민 대다수가 그 사실을 알지 못해서 많은 문제점이 빈번하게 발생한 겁니다. 예컨대 담배꽁초를 길에 버리면 범칙금을 내야 한다는 법령을 만들어도, 대다수 국민은 알지 못해서 딱지를 끊으려는 경찰과 충돌이 발생한 겁니다.

게다가 당시 근대 중국에서는 진화론적 헤겔주의(Hegelianism) 사고에 입각한 "한자와 같은 표의(表意) 문자는 야만적이고 오히려 표음(表音)문자가 문명적이다."라는 견해가 만연해 있었습니다.

그래서 마오 주석은 정책 책임자였던 우위장(吳玉章)에게 "중국이 발전하기 위해서는 표음 문자의 방향으로 나아가야 한다."라고 지시했던 겁니다. 이처럼 기존의 문자인 한자가 오히려 국가 발전에 방해가 된다는 결론에 이르게 되자, 중국은 새로운 문자의 필요성에 대해 심각하게 논의하기에 이르렀고, 이에 학습 자체가 어려운 표의 문자인 한자를 포기하고 세계화 추세의 표음 문자로 전환하려는 움직임이 일게 되었습니다.

새로운 문자 창제에는 두 가지 방법이 있습니다. 하나는 세종

대왕의 한글 창제처럼 완전히 새로운 문자를 만드는 것이고, 또 하나는 널리 사용되고 있는 기존의 문자를 빌려 쓰는 경우가 그것이죠. 하지만 새로운 문자를 만들어 보급하기 위해선 너무나 긴 세월이 필요합니다. 그래서 마오 주석은 세계에서 가장 보편적으로 사용되는 영어의 알파벳으로 중국어 발음을 표기하고, 한자는 완전히 포기하도록 했습니다.

中國

그런데 그렇게 되면 중국인들은 영어 알파벳으로만 읽고 쓰게 될 것이고, 세월이 흐를수록 점차 한자를 읽지 못하게 될 겁니다. 그리고 그건 중국인들이 한자로 기록되어온 선조들의 민족 문화유산을 스스로 부정하고 포기하는 결과를 초래하겠죠.

이처럼 중국은 한자를 포기할 수 없는 운명이었던 겁니다. 그렇다고 다시 원점으로 돌아갈 순 없는 법. 비록 표음 문자로의 전환에는 실패했지만, 그래도 개혁을 위한 문맹 퇴치는 계속되어야 했죠. 이에 한자 학습에 가장 큰 방해가 되는 복잡한 획수(劃數)라도 해결하려는 작업에 착수했고, 그 결과 2,238개의 보다 간단한 문자를 만들었습니다.

~~國~~ ⇨ guó　　　~~國~~ ⇨ 国(guó)

1차 개혁　　　2차 개혁

이때부터 기존의 한자는 쓰기가 번거로워서 '번체자(繁體字)'라고 부르게 되었고, 반면 개정된 한자는 간단하다고 해서 '간체자(簡體字)'라고 부르기 시작했습니다. 이와 더불어 영어 알파벳으로 중국어 발음을 표기하여 표음 문자화를 하려 했던 결과물을 그냥 버리지 않고, 간체자의 발음 부호로나마 전환해서 쓰기 시작했는데요. 이것이 바로 오늘날 중국어의 발음 부호 표기 방식인 한어병음자모(漢語併音子母)입니다.

❼植(심을 식): 植(zhí)

植(심을 식)은 木(나무 목)과 直(곧을 직)이 합쳐진 형성 문자입니다. 뜻은 木(나무 목)에서 왔고, 直(곧을 직)은 발음을 제공하죠. 그런데 발음을 제공하는 부분은 뜻에도 일정 부분 관여한다고 했죠?

[소전체]

따라서 植(심을 식)은 나무를 곧게 세우는 것이 심는 것이라는 뜻을 지닙니다. 그리고 이 문자는 갑골문과 금문이 보이지 않으므로, 진나라 이후에 만들어졌다는 사실도 알 수 있습니다.

❽木(나무 목): 木(mù)

木(나무 목)은 나무의 모양을 본떴습니다.

나무 줄기와 곁에 달린 가지들을 문자로 옮겨온 전형적인 상형 문자이죠.

❼林(수풀 림): 林(lín)

林(수풀 림)은 木(나무 목)과 木(나무 목)을 합쳐서 만든 회의 문자입니다.

[갑골문] [금문] [전국문자] [소전체]

나무가 여러 개 모여 있는 곳이 숲이라는 뜻으로 쓰였죠.

❼休(쉴 휴): 休(xiū)

休(쉴 휴)는 人(사람 인)과 木(나무 목)을 합쳐서 만든 회의문자입니다.

[갑골문] [금문] [전국문자] [소전체]

사람이 나무 곁에 기대는 것은 곧 쉬기 위함이니, 이것이 '쉰다'라는 글자가 된 거죠.

❽校(학교 교): 校(xiào)

校(학교 교)는 木(나무 목)에서 뜻이 나오고, 交(사귈 교)에서 발음이 나오는 형성 문자입니다.

[갑골문] [금문] [전국문자] [소전체]

나무(木)로 만든 판자를 서로 교차하여(交) 울타리를 쳐서 다른 곳과 분리시킨 곳이 학생을 가르치는 학교라는 뜻입니다. 여기서 잠시 交(사귈 교)도 함께 살펴보죠.

❻交(사귈 교): 交(jiāo)

交(사귈 교)는 두 개의 화살표가 서로 교차하면서 위로 향하는 모습을 그린 상형 문자입니다.

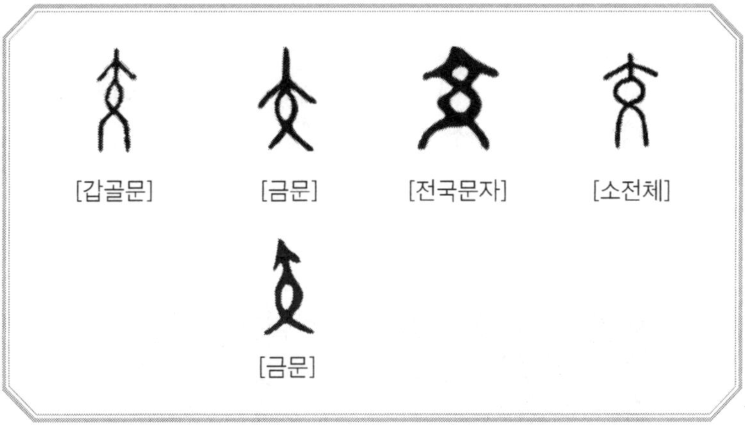

특히 금문의 또 다른 형태를 보면 화살표 두 개가 교차하고 있다는 것을 더 명확하게 이해할 수 있습니다.

❽東(동녘 동): 东(dōng)

東(동녘 동)은 日(날 일)이 木(나무 목)에 걸린 모습을 그린 문자입니다.

[갑골문] [금문] [전국문자] [소전체]

따라서 마치 상형 문자처럼 보일 수 있습니다. 하지만 이는 아침에 태양(日)이 떠오르면서 나무(木)에 걸리는 방향이 동쪽이라는 뜻을 지니므로 지사 문자에 해당하죠. 또한 東(동녘 동)은 번체자와 간체자의 모양이 다름에 유의해야 합니다.

❽西(서녘 서): 西(xī)

西(서녘 서)는 새 둥지 모양을 가져왔습니다.

[갑골문] [금문] [초계간백] [진계간독] [소전체]

해가 저물면 새가 둥지로 돌아오는데, 그때 태양이 있는 방향이 서쪽이라는 뜻이죠. 따라서 西(서녘 서) 역시 상형 문자처럼 보일 수 있지만, 사실은 지사 문자에 해당합니다.

- 8장 -

❽人(사람 인)-❼千(일천 천)-❽兄(형 형)

-❽長(긴 장)-❼重(무거울 중)

-❽北(북녘 북)-❹背(등 배)-❽南(남녘 남)

❽人(사람 인): 人(rén)

人(사람 인)은 두 손을 모으고 허리를 굽혀서 상대방에게 공손한 모습을 보이는 사람의 모습을 묘사한 상형 문자입니다.

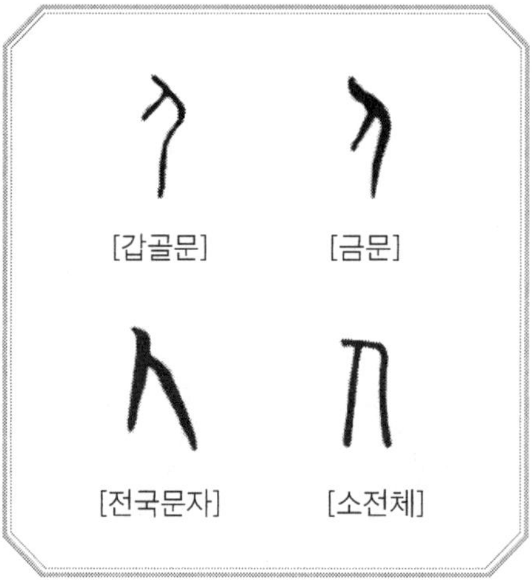

즉 예(禮)를 갖춘 존재가 동물과 구별되는 사람이라는 뜻이죠. 이와 관련하여 다음 기록을 살펴보겠습니다.

> 鸚鵡能言, 不離飛鳥; 猩猩能言, 不離禽獸。今人而無禮, 雖能言, 不亦禽獸之心乎? 夫唯禽獸無禮, 故父子聚麀。是故聖人作, 爲禮以教人, 使人以有禮, 知自別於禽獸
>
> 앵무새는 말할 수 있지만 조류를 벗어나지 못하고, 성성이(오랑우탄)는 말할 수 있지만 동물을 벗어나지 못한다. 이

제 사람에게 예가 없으면, 비록 말할 수 있어도 역시 동물의 마음이 아니겠는가? 무릇 동물은 예가 없기 때문에, 따라서 아비와 아들이 암컷을 함께 하는 것이다. 이러한 까닭에 성인이 일어나 예를 만듦으로써 사람을 가르치고, 사람으로 하여금 예가 있도록 함으로써 스스로 동물과 다름을 알게 한 것이다.

-『예기』, 「곡례상」

따라서 人(사람 인)이 두 발을 넓게 벌리고 서 있는 모습을 그린 것이라는 설명은 맞지 않음을 알 수 있습니다.

❼千(일천 천): 千(qiān)

千(일천 천)은 人(사람 인)과 一(일렬로 서 있음)이 합쳐진 회의 문자입니다.

[갑골문] [금문] [소전체]

사람(人)들이 조정에 일렬(一)로 서 있으니, 그만큼 많다는 뜻이죠. 과거에는 千(일천 천)이 대단히 많음을 나타냈지, 오늘날처럼 999 다음의 숫자로 인식되지는 않았습니다.

❽兄(형 형): 兄(xiōng)

兄(형 형)은 口(입 구)와 人(사람 인)이 합쳐진 회의 문자입니다.

[갑골문] [금문] [전국문자] [소전체]

두 손을 공손히 모아 예(禮)를 갖춰 말해주는 존재가 형 또는 연장자라는 뜻이죠.

❽長(긴 장): 长(zhǎng/cháng)

長(긴 장)은 사람(人)의 긴 머리카락을 늘어뜨린(㐄) 모습을 그린 상형 문자입니다.

[갑골문] [금문] [초계간백] [진계간독] [소전체]

의사소통에서 가장 기본적이고도 꼭 필요한 품사가 바로 명사나 동사입니다. 그래서 동서양을 막론하고, 모든 언어의 품사는 명사나 동사에서 비롯했죠. 그러다가 보다 섬세한 표현이 필요하게 되면서 점차 형용사 그리고 부사로까지 발전하게 됩니다. 따라서 長(긴 장)은 첫 번째가 머리카락이 자란다는 뜻을 지니고, 후에 길다라는 뜻까지 확장되었으므로 전주 문자가 되기도 하죠. 아울러서 長(긴 장)은 번체자와 간체자의 모양이 다르므로 유의해야 합니다.

❼重(무거울 중): 重(zhòng)

重(무거울 중)은 사람이 짐을 등에 지거나, 짐을 발밑에 내려 놓은 모습을 문자로 나타냈습니다.

따라서 얼핏 보면 상형 문자 같지만, 사람이 짐을 지는 건 무거운 것이라는 뜻이므로 지사 문자가 되죠.

❽北(북녘 북): 北(běi)

北(북녘 북)은 두 사람(人)이 서로 등지고 기대어 있는 모습을 문자로 나타낸 상형 문자입니다.

[갑골문] [금문] [전국문자] [소전체]

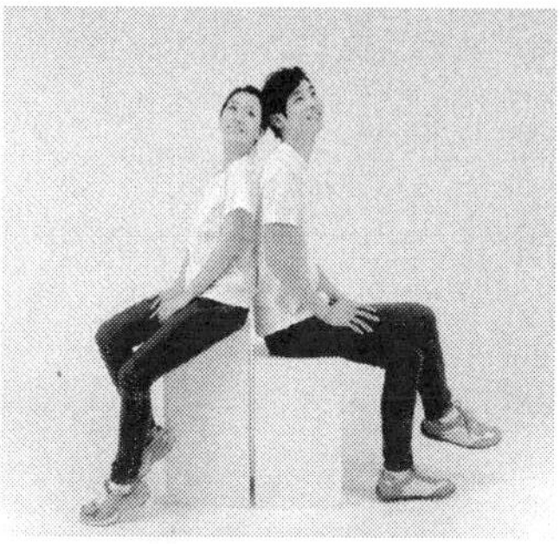

따라서 北(북녘 북)은 본래 '1. 등지다, 2. 등을 보이다, 3. 기대다'라는 뜻을 지녔습니다. 그러다가 세월이 흐르면서 등진다는 것은 '사이가 틀어지다, 배신하다'라는 뜻으로, 또 등을 보이는 것은 '지다, 달아나다'라는 뜻으로 확대되죠. 그래서 진다는 뜻으로 쓸 때는 敗北(패배)라고 읽습니다.

나아가 신체 부위인 '등'이라는 뜻도 생겨났습니다. 하지만 훗날 北(북녘 북)의 주된 의미가 '북쪽'으로 고정되자, '등, 등지다'와 관련된 뜻을 따로 분리시킬 필요가 있었죠. 이에 신체 부위를 뜻하는 肉(고기 육)과 합쳐서 背(등 배)라는 새로운 문자를 만들게 된 겁니다.

❹背(등 배): 背(bèi)

背(등 배)는 뜻을 담당하는 肉(고기 육)과 소리를 담당하는 北(북녘 북)이 합쳐진 형성 문자입니다. 본래의 뜻인 '등'에서 '등지다'라는 동사의 뜻이 파생되었으므로, 전주 문자라고도 할 수 있죠. 背(등 배)는 北(북녘 북)의 뜻이 '북쪽'으로 전용되면서 생겨났다고 했습니다. 그래서 진나라 때 만들어진 소전체 이전의 背(등 배) 옛 모습은 北(북녘 북)과 같습니다.

[금문] [전국문자] [소전체]

육서(六書)는 한자(漢字)를 만드는 여섯 가지의 제자 원리라고 했는데요. 한자는 표의(表意)문자에 속하죠.

문자는 소리를 드러내는 표음(表音) 문자와, 뜻을 드러내는 표의(表意) 문자가 있습니다. 표음 문자는 자음(子音)과 모음(母音)으로 이뤄져 있고, 이 자음과 모음이 합쳐져서 소리 내어 읽을 수 있으며, 그 소리를 그대로 문자로 적을 수 있습니다. 하지만 그 뜻을 명확히 알 순 없죠.

배

우리는 이 단어의 뜻이 먹는 과일 배인지, 타는 교통수단 배인지 아니면 신체 부위인 배인지 알 수 없습니다. 반면 표의 문자는 각각의 문자 자체가 의미를 지니고 있어서, 어느 문자를 보기만 해도 전하려는 뜻이 무엇인지 이해할 수 있습니다.

天

한자를 배운 이들은 이 문자가 '하늘'을 뜻한다는 걸 바로 알 수 있죠. 하지만 표의 문자는 자음과 모음으로 이뤄지지 않아서 읽을 순 없습니다. 사람들이 이 문자를 '하늘 천' 또는 'tiān'이라고 읽는 이유는 학자들이 그렇게 읽도록 하자고 서로 '약속'했기 때문입니다. 따라서 한자는 문자 고유의 한 가지 뜻과, 자음과 모음을 조합한 것이 아닌 학자들이 정한 고정된 발음을 지니고 있습니다. 중국인들이 왜 '서울'을 '서우 얼'라고 발음하는지 이해할 수 있겠죠?

다시 본론으로 돌아와서, 그렇다면 오늘날 가장 보편적으로 쓰이는 '북녘'이라는 뜻은 언제부터 쓰인 걸까요? 그건 바로 세 번째 '기대다'라는 뜻에서 비롯됐습니다. 따라서 北(북녘 북)이 '1. 등지다, 2. 등을 보이다, 3. 기대다'라는 본래의 뜻으로 쓰일 때는 상형 문자이지만, '북쪽'으로 풀이될 때는 그 뜻이 응용 확대된 전주 문자가 됩니다. 이와 관련하여 다음 두 기록을 살펴보겠습니다.

> 6-1: 子曰: "雍也, 可使南面。"
> 공자가 말씀하셨다.
> "옹(중궁)은, 남쪽을 따르게 할 수 있다."
>
> -『논어』, 「옹야」

옹은 공자의 제자 중궁입니다. 그렇다면 공자는 왜 제자 중궁이 남쪽을 따르게 할 수 있다고 말한 걸까요? 나아가 남쪽을 따르게 한다는 건 결국 북쪽에 위치했다는 건데, 이는 또 뭘 뜻하는 걸까요?

이 두 문제를 풀기 위해선, 다음 구절을 먼저 이해해야 합니다.

2-1: 子曰: "爲政以德, 譬如, 北辰居其所而衆星共之。"
공자가 말씀하셨다.
"정치를 행함에 덕으로 하는 것은 비유하자면 마치 북두성이 그곳에 자리를 잡아서 여러 별들이 함께 하는 것과 같다."

-『논어』, 「위정」

이 사진은 장시간 카메라 조리개를 열어서 촬영한 겁니다. 여기서 북극성을 찾을 수 있나요? 바로 오른쪽의 한 자리에만 머물러서 마치 하나의 점처럼 보이는 것이 북극성이죠. 따라서 사람들은 예로부터 지도자가 '덕'으로 다스리면, 별들이 북극성을 에워싸고 지키는 것처럼 사람들이 모인다고 생각한 겁니다.

그리고 여기서 바로 임금이 앉는 방향이 정해진 거죠. 한 나라의 최고 지도자인 임금은 가벼이 움직이지 않고, 마치 북극성처럼 중후하게 북쪽에 등을 기대고 남쪽을 향해야 한다는 겁니다. 이처럼 옛사람들은 북극성을 지도자와 동등하게 여겨서, 지도자는 북극성과 마찬가지로 북쪽에 기대어 자리하고 남쪽을 향해서 앉아있어야 하는 존재로 여긴 겁니다.

따라서 이제 앞서 인용한 『논어』 6-1 부분이 무엇을 의미하는지도 이해할 수 있겠죠? 남쪽에 위치한 사람들이 북쪽에 앉아있는 중궁을 따르는 것이므로, 중궁은 최고 지도자인 '임금'이 될 자격이 있다는 걸 뜻하는 겁니다.

❽南(남녘 남): 南(nán)

南(남녘 남)은 타악기인 종의 모양을 그려낸 상형 문자입니다. 따라서 첫 번째 의미는 '종, 음악'이 되죠.

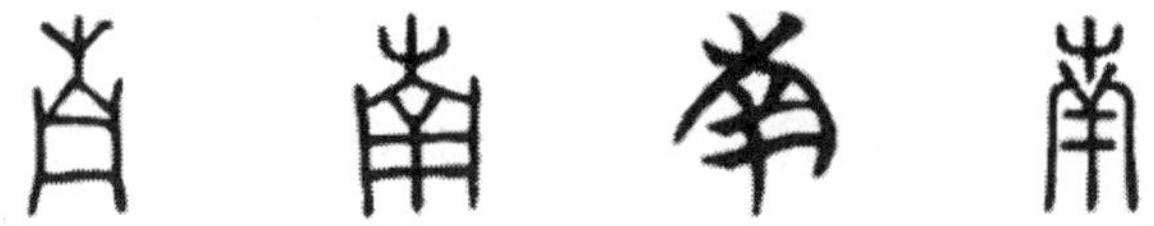

[갑골문] [금문] [전국문자] [소전체]

이와 관련하여 다음 기록을 살펴보겠습니다.

17-11: 子曰: “樂云樂云, 鐘鼓云乎哉?”

공자가 말씀하셨다. “음악이로다 음악이로다라고 하는데, 종과 북을 말하는 것이겠느냐?”

-『논어』, 「양화」

여기서 공자는 제유법을 써서, 악기 중 하나인 종과 북으로 음악을 표현하고 있음을 알 수 있습니다. 따라서 종은 악기 중 하나이자 음악을 상징하고 있으므로, 종의 모양을 문자로 옮겨온 南(남녘 남)은 ‘종’, 나아가 ‘음악’이라는 뜻을 지니게 됐습니다.

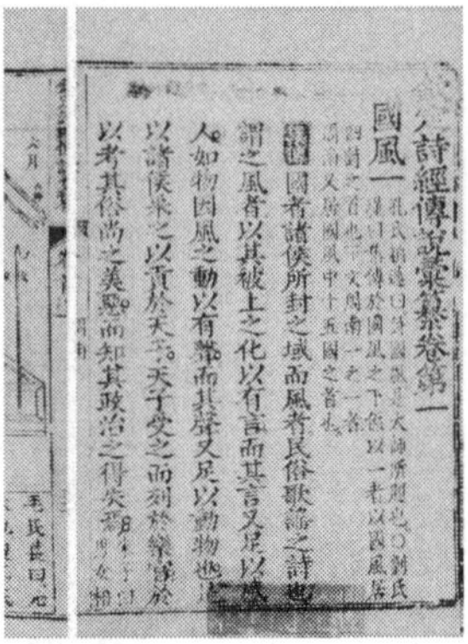

그러므로 동양 최초의 시집으로 여겨지는 『시경』 「국풍」의 첫 번째와 두 번째 편명인 <주남(周南)>과 <소남(召南)>은 각각 무왕을 도와 주(周)나라를 안정시킨 주공(周公)과 소공(召公)의 음악이라는 뜻을 담고 있습니다.

그렇다면 '종, 음악'이라는 뜻을 지닌 南(남녘 남)은 어떻게 오늘날처럼 '남쪽'이라는 뜻을 지니게 된 걸까요?

北(북녘 북)을 설명하면서, 임금은 북극성처럼 북쪽에 기대어 자리하고 남쪽을 향해서 앉아있어야 하는 존재였다고 했습니다. 그럼 하늘이나 조상에게 제사를 지낼 때 음악을 연주하는 악관들은 어느 쪽에 앉아야 했을까요? 당연히 임금 앞에서 연주를 해야 하니, 북쪽에 앉아있는 임금의 맞은편인 남쪽에 자리했겠죠?

따라서 南(남녘 남)은 본래 '종, 음악'이라는 뜻에서 파생되어 '남쪽'이라는 의미로 확대된 것이므로, 바로 전주 문자도 됨을 알 수 있습니다.

- 9장 -

❼秋(가을 추)-❸禾(벼 화)-❽年(해 년)

-❽萬(일만 만)-❼百(일백 백)

❼秋(가을 추): 秋(qiū)

[갑골문] [금문] [전국문자] [소전체]

秋(가을 추)의 최초 형태인 갑골문은 귀뚜라미를 그린 지사 문자입니다. 가을의 상징 중 하나인 귀뚜라미로 계절인 가을을 나타냈으니까요. 그러다가 금문에 이르러서는, 가을을 대표하는 또 하나의 상징인 쌀(禾)을 추가하게 된 겁니다. 여기서 잠시 禾(벼 화)를 소개하겠습니다.

❽禾(벼 화): 禾(hé)

禾(벼 화)는 식물(木) 끝에 맺힌 벼가 익어서 고개 숙인 모습을 그린 상형 문자입니다. 익어서 고개를 숙이는 것이 '벼'라는 뜻이죠.

[갑골문] [금문] [전국문자] [소전체]

따라서 秋(가을 추)의 금문은 가을의 상징인 잘 익어 고개 숙인 벼와 귀뚜라미를 합쳐서 만들었는데요. 그러다가 세월이 흐르면서 그리기 복잡한 귀뚜라미의 몸은 없애고, 상징적으로 귀뚜라미의 발을 점으로 표시하게 되었습니다.

앞에서 火(불 화)는 받침으로 쓸 땐 점 네 개(····)로 표시한다고 했죠? 그래서 후대에 들어서 사람들은 귀뚜라미의 발을 표시한 점들을 火(불 화) 받침이라고 여겼고, 이를 다시 火(불 화)의 원형으로 돌려서 소전체부터는 秋(가을 추)로 쓰게 된 겁니다.

❽年(해 년): 年(nián)

年(해 년)은 禾(벼 화)와 人(사람 인)이 합쳐진 회의 문자입니다. 사람이 벼를 수확하여 짊어진 모습을 묘사했죠.

[갑골문] [금문] [전국문자] [소전체]

사람이 벼를 수확해 집으로 짊어지고 가는 게 한 해 동안 할 일이라는 뜻을 지닙니다.

❽萬(일만 만): 万(wàn)

앞서 소개한 秋(가을 추)가 귀뚜라미의 모양을 그대로 가져온 것처럼, 萬(일만 만) 역시 전갈의 모양을 그대로 가져왔습니다.

[갑골문] [금문] [전국문자] [소전체]

전갈은 자기 알을 낳고 부화한 새끼들을 등 위에서 키우는데, 사람들이 그 모습을 보고 대단히 많다는 뜻으로 萬(일만 만)을 썼습니다. 따라서 萬(일만 만)은 지사 문자가 되는데, 물론 이때는 오늘날과 달리 9,999 다음의 숫자를 의미한 건 아닙니다. 아울러서 萬(일만 만)은 번체자와 간체자의 모양이 전혀 다르므로 주의해야 합니다.

❼百(일백 백): 百(bǎi)

百(일백 백)은 나뭇가지에 매달려 있는 벌통을 묘사한 문자입니다.

벌통 안과 주위에는 수많은 벌들이 있습니다. 따라서 百(일백 백)은 그만큼 굉장히 많음을 뜻하는 지사 문자가 됩니다. 물론 百(일백 백) 역시 오늘날과 달리, 99 다음의 숫자를 뜻하지는 않았습니다.

- 10장 -

❽日(날 일)-❼春(봄 춘)-艸(풀 초)

-❼草(풀 초)-❹早(이를 조)-❼午(낮 오)

-❼來(올 래)-❸屯(어려울 준/진칠 둔)

-❼場(마당 장)-㊕昜(볕 양)

-❼時(때 시)-❹寺(절 사)-❸之(갈 지)

-❽先(먼저 선)-❽寸(마디 촌)-❸又(또 우)

-❽父(아비 부)-❼有(있을 유)-❼事(일 사)

-❺史(역사 사)-❼右(오른쪽 우)-❼左(왼 좌)

-❼工(장인 공)-❼空(빌 공)-❸穴(구멍 혈)

❽日(날 일): 日(ri)

日(날 일)은 태양과 그 안의 흑점을 형상화한 상형 문자입니다.

[갑골문] [금문] [전국문자] [소전체]

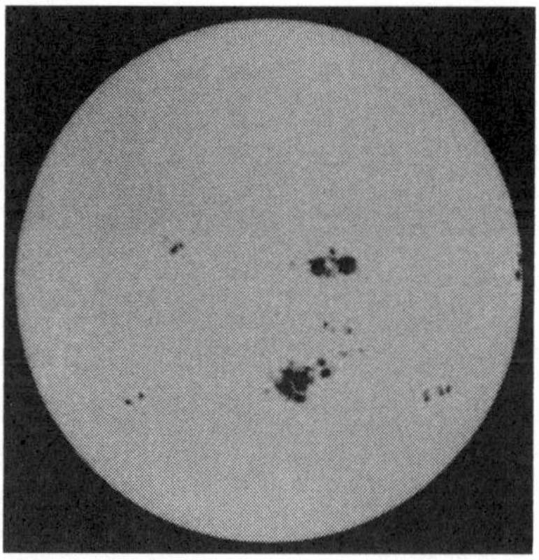

원래는 '해, 태양'을 뜻합니다. 하지만 해가 뜨면 하루가 시작되고 해가 지면 하루가 끝나므로, 점차 '하루, 날'이라는 뜻으로도 쓰였죠. 따라서 전주 문자가 되기도 합니다.

❼春(봄 춘): 春(chūn)

春(봄 춘)은 艸(풀 초)와 屯(어려울 준/진칠 둔) 그리고日(날 일)이 합쳐진 문자입니다.

[갑골문] [금문] [전국문자] [소전체]

艸(풀 초)와 日(날 일)에서 뜻이 왔고, 屯(어려울 준/진칠 둔)에서 발음을 따왔으므로 형성 문자가 되는데요. 발음에 해당하는 문자는 일정 부분 뜻도 함께 제공한다고 했죠? 따라서 줄기가 여려서 자라기 어려운(屯) 새싹(草)이 나오는 날(日)이 봄(春)이라는 뜻을 지닙니다.

여기서 艸(풀 초)에 대해서 짚고 넘어갈까요?

[갑골문] [금문] [소전체]

艸(풀 초)는 草(풀 초)의 옛 모양으로, 지금은 쓰이지 않고 부수(部首)로만 사용하죠. 풀의 모양을 그대로 묘사한 상형 문자입니다.

❼草(풀 초): 草(cǎo)

草(풀 초)는 艸(풀 초)와 早(이를 조)가 합쳐진 형성 문자입니다. 早(이를 조)에서 소리가 왔죠.

[진계간독]　　[소전체]

하지만 소리를 제공하는 부분은 뜻도 제공하는데요. 그 뜻을 알기 위해서, 早(이를 조)도 여기서 함께 살펴보겠습니다.

❹早(이를 조): 早(zǎo)

早(이를 조)는 화분에 담긴 풀의 모습을 묘사했습니다. 풀이 고개를 드는 때가 바로 하늘에 태양이 뜨는 아침이라는 뜻을 지녔으므로 지사 문자가 되죠.

그러다가 금문에서는 태양을 향해 고개를 든 보리(來)의 모양으로 바뀌는데요. 이 역시 마찬가지로 보리가 고개를 드는 때가 태양이 하늘에 떠오르는 아침이라는 뜻을 지닙니다.

따라서 草(풀 초)에서 早(이를 조)는 발음뿐만 아니라, 태양을 향해 고개를 든 식물이라는 뜻도 함께 제공합니다. 그러다가

후에 태양(日)이 식물(十) 위에 있는 모양으로 바뀌었죠

태양이 뜨는 것과 관련된 단어들을 소개하고 있으니, 여기서 午(낮 오)도 함께 짚고 넘어가겠습니다.

❼午(낮 오): 午(wǔ)

午(낮 오)는 세워진 절굿공이의 모습을 묘사했습니다.

[갑골문] [금문] [전국문자] [소전체]

세워진 절굿공이가 가리키는 방향인 하늘 한가운데에 태양이 있는 때가 '낮'이라는 뜻을 지니므로 지사 문자가 되죠.

이제 앞에서 잠시 언급했던 보리를 뜻하는 來(올 래)도 함께 알아볼까요?

❼來(올 래): 来(lái)

來(올 래)는 본래 보리의 모양을 그대로 가져온 상형 문자입니다.

[갑골문] [금문] [전국문자] [소전체]

이 문자는 갑골문에서 아직 익지 않아서 고개를 들고 있는 모습을 묘사한 반면, 금문부터는 무르익어서 고개를 숙인 모습을 그렸습니다. 따라서 來(올 래)는 '보리'라는 뜻을 지니고 있었죠.

그런데 주(周)나라는 제후국들로부터 보리를 조공 받았고, 또한 이는 하늘이 내리신 것으로 여겼기 때문에 '오다'라는 뜻으로도 쓰였습니다. 그러므로 來(올 래)는 전주 문자가 되기도 합니다. 그리고 후에 보리를 나타내는 來(올 래)가 '오다'라는 뜻으로 전용되면서, 麥(보리 맥)이 따로 '보리'를 나타내게 되었습니다.

앞에서 소개한 春(봄 춘)을 이해하기 위해, 屯(어려울 준/진칠 둔)도 잠시 함께 짚고 넘어가겠습니다.

❸屯(어려울 준/진칠 둔): 屯(zhūn/tún)

屯(어려울 준/진칠 둔)은 새싹이 막 땅을 뚫고 나왔지만 줄기가 여려서 휘어진 모습을 그린 문자입니다.

[갑골문] [금문] [소전체]

하지만 줄기가 가늘고 연약하면 홀로 서 있기 힘들고 위로 자라기도 어렵다는 뜻으로 쓰였죠. 따라서 이는 지사 문자가 됩니다.

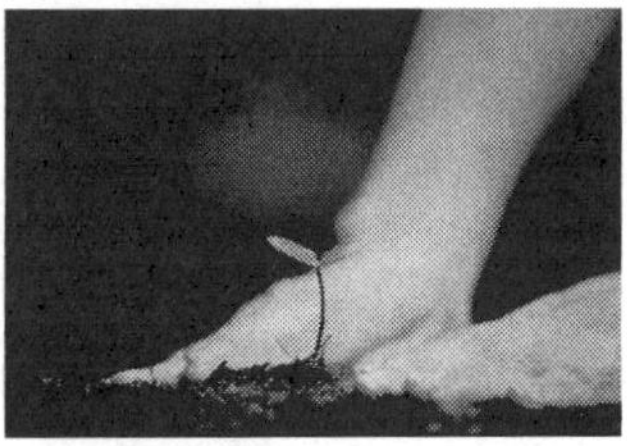

또한 시간이 흐르면서 연약한 새싹은 관리하기가 어려워 곁에서 지켜줘야 하므로, '주둔하다'와 '방어하다'라는 의미로 확대되었습니다. 따라서 전주 문자가 되기도 하죠.

❼場(마당 장): 场(chǎng)

場(마당 장)은 土(흙 토)와 昜(볕 양)이 합쳐진 회의 문자입니다.

[초계간백]　　[소전체]

볕이 드는 땅이 마당이라는 뜻을 지녔는데요. 昜(볕 양)도 함께 살펴보죠.

㊕昜(볕 양): 昜(yang)

昜(볕 양)은 日(날 일)에서 퍼져 나오는 햇빛(T)을 표현한 겁니다. 따라서 상형 문자입니다.

그리고 場(마당 장) 역시 번체자와 간체자의 모양이 다름에 유의해야 합니다.

❼時(때 시): 时(shí)

時(때 시)는 뜻을 나타내는 日(날 일)과 발음을 제공하는 寺(절 사)가 합쳐진 형성 문자입니다. 時(때 시)의 (shí) 발음이 寺(절 사)의 (sì)에서 왔죠.

[금문] [전국문자] [소전체]

태양(日)이 일정한 간격으로 가는 것(寺)이 바로 '때'라는 건데요. 최초의 형태인 금문은 之(갈 지)와 日(날 일)로만 이뤄져 있어서, 태양(日)이 움직이는 게 '때'라는 뜻이었습니다. 하지만 점차 여기에 '일정한 간격'을 의미하는 寸(마디 촌)이 더해짐으로써, 오늘날 형태가 되었음을 알 수 있습니다.

時(때 시) 역시 번체자와 간체자의 모양이 다름에 유의해야 하는데요. 時(때 시)의 번체자에 담긴 의미를 보다 자세히 이해하기 위해서, 여기서 寺(절 사)도 함께 살펴보겠습니다.

❹寺(절 사): 寺(sì)

時(때 시)의 금문은 之(갈 지)와 日(날 일)로 이뤄져 있어서, 주나라 땐 寺(절 사)가 존재하지 않았습니다. 그래서 소전체가 최초의 형태가 되죠.

[소전체]

寺(절 사)는 寸(마디 촌)에서 뜻이 오고 之(갈 지)에서 발음이 온 형성 문자입니다. 寺(절 사)의 (sì) 발음이 之(갈 지)의 (zhī)에서 왔기 때문인데, 주지하다시피 'ㅅ, ㅈ, ㅊ'은 모두 동일 자음군에 속합니다.

따라서 寺(절 사)는 일정한 간격(寸)으로 가는(之) 장소를 일컫습니다. 바로 경건하게 걸음을 떼는 장소를 뜻하는데요. 대표적으로 선조의 위패를 모셔 놓은 사당이나 절 등을 들 수 가 있죠.

❸之(갈 지): 之(zhī)

之(갈 지)는 사람의 발 모양과 출발선을 그린 지사 문자입니다.

이 문자는 언뜻 보면 사람의 왼발과 오른쪽에 튀어나온 엄지발가락을 묘사한 상형 문자 같습니다. 그러나 발 아래 출발선을 그어놓고 출발선을 넘어섰으니 간다는 뜻을 나타내고 있죠.

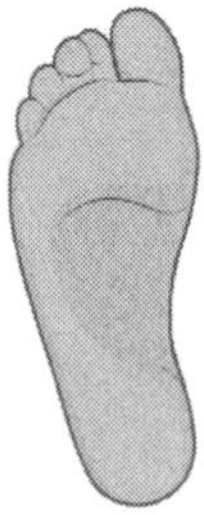

❽先(먼저 선): 先(xiān)

先(먼저 선)은 之(갈 지)와 人(사람 인)이 합쳐진 회의 문자입니다.

[갑골문] [금문] [초계간백] [진계간독] [소전체]

사람보다 한 발자국 앞선다는 건 그만큼 먼저 간다는 뜻을 지니죠.

❽寸(마디 촌): 寸(cùn)

寸(마디 촌)은 사람의 오른손을 뜻하는 又(또 우)와 손목에서 떨어진 지점을 나타내는 '一'(한 마디)가 합쳐진 회의 문자입니다.

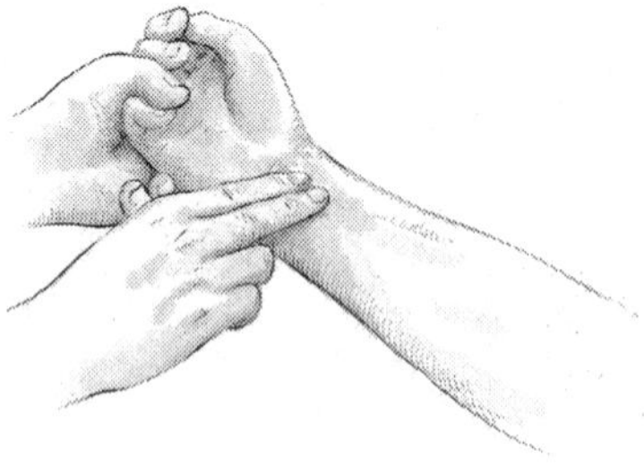

사람의 오른손 손목에서 동맥이 있는 곳까지 떨어진 길이가 '한 마디' 즉 3.33cm라는 뜻이죠. 여기서 又(또 우)를 언급했으니, 함께 짚고 넘어가겠습니다.

❸又(또 우): 又(yòu)

又(또 우)는 오른손의 모양을 그대로 옮겨온 상형 문자입니다.

[갑골문] [금문] [전국문자] [소전체]

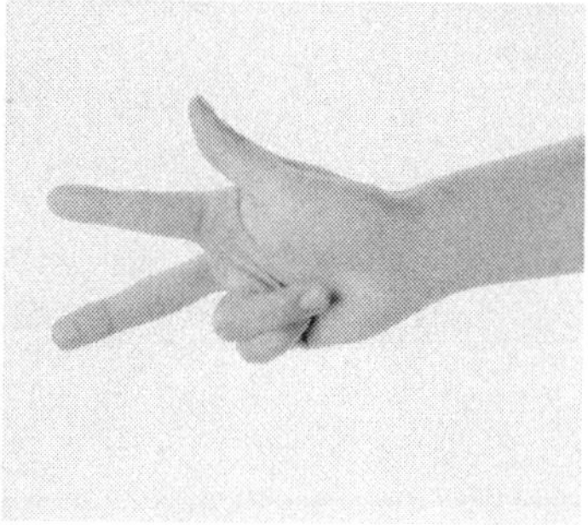

세 손가락만 보이는 오른손의 모습을 그린 건데요. 사람들은 보통 엄지, 검지, 중지 세 손가락을 주로 쓰기 때문에 이처럼 세 손가락만 표시한 겁니다.

따라서 又(또 우)는 '오른손, 오른쪽'이란 뜻을 지녔지만, 후에 右(오른 우)가 만들어지면서 점차 그 뜻을 잃게 됩니다. 나아가 사람들은 일반적으로 오른손을 써서 일을 반복하기 때문에, '또, 다시'라는 뜻으로 전용되죠. 즉 又(또 우)는 상형 문자이자 전주 문자이기도 합니다.

❽父(아비 부): 父(fù)

父(아비 부)는 又(또 우)와 丨(회초리)가 합쳐진 회의 문자입니다.

[갑골문] [금문] [전국문자] [소전체]

오른손(又)으로 회초리(丨)를 들고 자식을 바르게 이끄는 엄격한 존재가 '아비'라는 뜻이죠.

❼有(있을 유): 有(yǒu)

有(있을 유)는 又(또 우)와 肉(고기 육)이 합쳐진 형성 문자입니다.

[갑골문] [금문] [전국문자] [소전체]

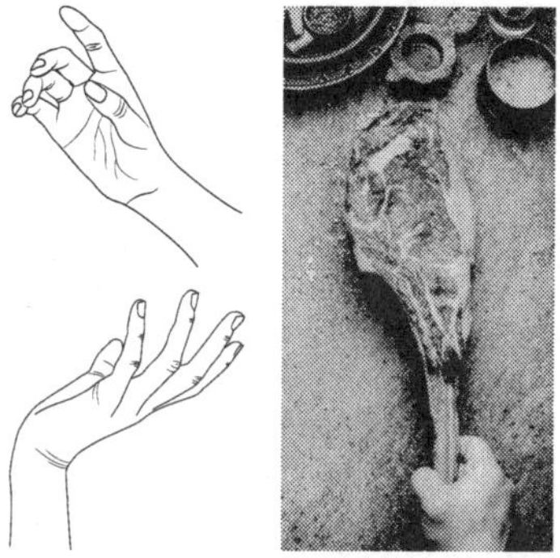

갑골문을 보면 오른손으로 뭔가를 잡거나 받치고 있는 모습을 묘사했습니다. 따라서 이는 '손에 뭔가 있다'라는 뜻을 지니고 있었죠. 그러다가 금문부터는 오른손(又)으로 고기(肉)를 들고 있는 형태로 바뀌었음을 알 수 있습니다. 즉 손에 고기를 들고 있으니, 이는 '가지고 있다'라는 뜻이 된 겁니다.

❼事(일 사): 事(shì)

事(일 사)는 史(역사 사)에 화살촉(V)이 합쳐진 지사 문자입니다.

[갑골문] [금문] [전국문자] [소전체]

평상시에는 화살촉(V)이 없는 화살을 과녁에 쏘는 공정한 자세로 써 내려가는 것이 史(역사 사)입니다. 그러다가 이제 화살 끝에 화살촉(V)을 달아서, 본격적으로 일(사냥)을 하게 된다는 뜻을 지니죠.

事(일 사)의 의미를 보다 명확하게 알기 위해서, 여기서 史(역사 사)도 함께 짚고 넘어가겠습니다.

❺史(역사 사): 史(shǐ)

史(역사 사)는 又(또 우)와 화살을 활시위에 얹은 모양을 합친 지사 문자입니다.

[갑골문] [금문] [전국문자] [소전체]

[출처: 국가유산채널 유튜브, <조선왕조실록 2부-왕도 두려워했던 사관>]

화살촉 없는 화살을 활시위에 얹고(中) 오른손(又)으로 그 활을 쥐고 있는 모습이 역사를 기록하는 사람이 지켜야 할 자세라는 뜻인데요. 史(역사 사)는 왜 事(일 사)와 달리 화살촉(V)이 없는 화살을 사용한 걸까요? 이와 관련하여 다음 기록들을 살펴보겠습니다.

77-1: 天之道, 其猶張弓與!

하늘의 도리는, 그것이 마치 활시위를 당기는 것과 같다!

77-2: 高者抑之, 下者擧之, 有餘者損之, 不足者補之。

(조준한 것이) 높으면 그것을 낮추고, 낮으면 그것을 높여주며, (힘이) 남으면 그것을 덜어주고, 부족하면 그것을 보충해준다.

-『도덕경』, 「77장」

이러한 내용은 『논어』에도 보입니다.

3-16: 子曰: "射不主皮, 爲力不同科, 古之道也。"

공자가 말씀하셨다. "활을 쏘는데 가죽을 위주로 하지 않음(가죽으로 만든 과녁 맞히는 것을 위주로 하지, 뚫는 것을 위주로 하지 않음)은 힘의 등급이 다름이니, 옛날의 도였다."

-『논어』, 「팔일」

옛날의 활쏘기는 가죽으로 만든 과녁 맞히는 것을 위주로 하지, 과녁을 뚫는 것을 위주로 하지 않았습니다. 활쏘기 목적은 힘을 겨뤄서 승부를 가르는 데 있는 것이 아니라, 과녁을 적중시키는 데 있었던 거죠. 따라서 군자는 활쏘기를 통해서 무력으로 나라를 이끌지 않고, 오로지 자신의 태도가 활을 쏘아 과녁을 적중시키는 것처럼 법도에 맞는지를 살폈을 따름입니다.

=

[출처: 국가유산채널 유튜브,
<조선왕조실록 2부-왕도 두려워했던 사관>]

활시위를 당기기 전에 과녁보다 높게 조준하면 낮추고, 낮게 조준하면 높이며, 힘이 남으면 빼고, 힘이 부족하면 더해줘야 비로소 화살을 과녁에 맞힐 수 있습니다. 방향이 어느 한쪽으로

치우치면 다시 가운데로 향하도록 다듬고, 힘이 모자라거나 남지 않도록 조율하여 과녁을 조준해야 합니다.

이처럼 활쏘기는 역사를 기록할 때 어느 한쪽으로 치우치거나 혹은 지나치거나 모자람이 없도록 하는 자세와 일치하므로, 옛사람들은 화살을 활시위에 얹고(中) 오른손(又)으로 그 활을 쥐고 있는 모습을 史(역사 사)로 표기했음을 알 수 있죠. 반면에 이제 화살 끝에 화살촉(V)을 달았으니, 본격적으로 일(사냥)을 하는 겁니다.

❼右(오른쪽 우): 右(yòu)

右(오른 우)는 又(또 우)와 口(입 구)가 합쳐진 형성 문자입니다. 又(또 우)에서 발음이 왔죠.

[출처: MBC, <신비한 TV 서프라이즈>]

이는 오른손(又)으로 입(口)을 잡는다는 건데요. 옛날 임금의 오른쪽에서 기록하는 사관은 임금의 '말(口)'을 기록함으로써 돕는다는 뜻으로 풀이됩니다.

보다시피 갑골문에선 원래 又(또 우)가 '오른손, 오른쪽'이란 뜻을 지녔지만, 후에 右(오른쪽 우)가 만들어지면서 점차 그 뜻이 '또, 다시'로 바뀌죠.

❼左(왼 좌): 左(zuǒ)

左(왼 좌)는 왼손(又)과 工(장인 공)이 합쳐진 회의 문자입니다.

[갑골문] [금문] [전국문자] [소전체]

이는 왼손(又)으로 공구(工)를 쥔다는 건데요. 여기서 工(장인 공)은 장인이 사용하는 공구 즉 '규격', 나아가 '행동 양식'을 나타내죠. 따라서 옛날 임금의 왼쪽에서 기록하는 사관은 임금의 '행동(工)'을 기록함으로써 돕는다는 뜻으로 풀이됩니다.

갑골문에서 左(왼 좌)는 단순히 왼손을 그린 상형 문자였습니다. 그러나 오른손을 나타낸 又(또 우)에 口(입 구)를 합쳤듯이, 금문부터 왼손에 工(장인 공)을 더해서 지금의 모양이 되었죠.

따라서 원래는 위와 같은 모양이 되어야 하지만, 훗날 右(오른 우)의 모양과 맞추기 위해서 오늘날처럼 바뀌었습니다.

고대에는 왼쪽과 오른쪽에서 임금의 행동과 말을 기록하는 사관 즉 좌사(左史)와 우사(右史)가 있었는데, 좌사는 임금의 행동을 기록하고 우사는 임금의 말을 기록했습니다. 이러한 전통은 조선 시대 『태종실록』에도 보이는데요. 태종 4년 때인 1404년, 태종이 사냥을 하느라 노루를 쫓다가 그만 말에서 떨어졌습니다.

[출처: YTN, 재미있는 역사 이야기 - 사관(史官) 편]

그런데 뜻밖에도 태종이 주위 사람들에게 처음 한 말은 이 일을 사관에게 알리지 말라는 거였죠. 그만큼 한 나라의 임금조차도 사관들의 공정하고 객관적인 기록을 두려워했는데, 어찌 된 이유인지 결국 이 사실은 사관의 귀에 들어갔고 그 내용이 기록에 남아있습니다.

이를 통해서 태종이 말에서 떨어진 사실은 '좌사'에 의해 기록된 반면, 태종이 사관에게 알리지 말라고 한 말은 '우사'에 의해 기록되었다는 걸 알 수 있습니다.

❼工(장인 공): 工(gōng)

工(장인 공)은 장인(匠人) 또는 그들의 기술과 솜씨를 뜻합니다. 장인은 손으로 물건을 만드는 일을 직업으로 하는 사람을 일컫고, 물건을 만들 때 고정된 규격이 있는 공구를 사용합니다.

[갑골문] [금문] [전국문자] [소전체]

즉 工(장인 공)은 장인이 사용하는 공구의 모양을 문자로 옮겨왔고, 그러한 공구를 쓰는 사람이나 공구로 만드는 기술과 솜씨를 뜻하므로 이는 지사 문자가 됩니다.

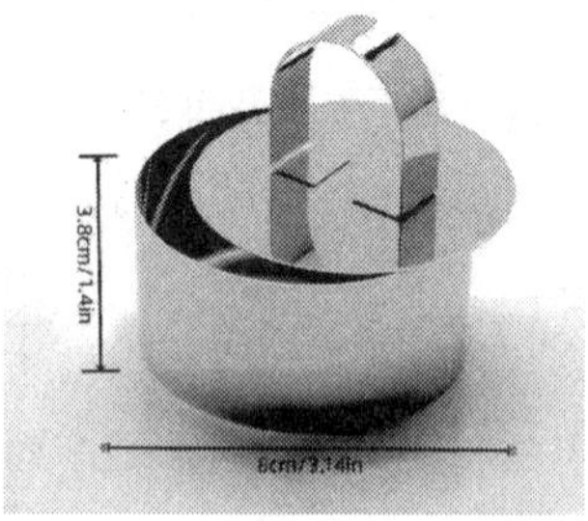

또한 工(장인 공)은 '고정된 규격'을 뜻하므로, 左(왼 좌)에서는 '행동 양식'이라는 의미로 확대되었음을 알 수 있죠.

❼空(빌 공): 空(kōng)

空(빌 공)은 穴(구멍 혈)에서 뜻이, 工(장인 공)에서 소리가 나오는 형성 문자입니다.

[금문]　[전국문자]　[소전체]

물론 소리를 담당하는 工(장인 공)은 일정 부분 뜻도 제공하므로, 돌이나 벽에 난 구멍(穴)에 장인이 도구(工)로 작업을 한 것처럼 비었다는 뜻을 지녔죠. 이해를 돕기 위해 여기서 간략하게 穴(구멍 혈)도 짚고 넘어가겠습니다.

❸穴(구멍 혈): 穴(xué)

穴(구멍 혈)은 사람이 사는 동굴의 모양을 형상화한 상형 문자입니다.

[전국문자] [소전체]

입구 윗부분에 햇빛이나 빗물 등이 들어오는 걸 막기 위해서 짚 등을 드리운 것이 사람이 사는 구멍, 즉 동굴이라는 뜻이죠. 그래서 원시인들이 동굴에서 사는 걸 혈거(穴居) 즉 '동굴에서 거주'하던 생활이라고 부릅니다.

- 11장 -

❽水(물 수)-❼川(내 천)-❼江(강 강)

-❼漢(한수 한)-❹難(어려울 난)

-堇(진흙 근)-❻黃(누를 황)-隹(새 추)

-❼活(물 콸콸 흐를 괄/살 활)-昏(입 막을 괄)

-❼海(바다 해)-❼每(매양 매)-❽女(여자 녀)

-❽母(어미 모)-❼洞(골 동)

-❼同(한가지 동)-❸凡(무릇 범)

❽水(물 수): 水(shuǐ)

水(물 수)는 사방의 물이 고여 있는 곳 사이로 물이 흐르는 모습을 그대로 가져온 상형 문자입니다.

[갑골문]　　[금문]　　[전국문자]　　[소전체]

가운데의 선처럼 이어져 흐르거나, 또는 주변의 네 점들처럼 고여 있는 것이 모두 물이라는 뜻이죠.

水(물 수)가 왼쪽에 놓여 방(旁)으로 쓰인 경우에는, 다음과 같이 더 간략하게 씀에 유의해야 합니다.

氵

⑦川(내 천): 川(chuān)

川(내 천)은 아래로 흐르는 물 위의 물결 무늬를 문자로 가져온 상형 문자입니다.

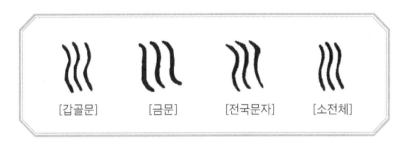

[갑골문] [금문] [전국문자] [소전체]

물이 막히지 않고 거침없이 흐르는 것이 시내나 강이라는 뜻이죠.

❼江(강 강): 江(jiāng)

江(강 강)은 水(물 수)와 工(장인 공)이 합쳐진 형성 문자입니다.

[금문] [전국문자] [소전체]

여기서 工(장인 공)은 발음을 제공합니다. 하지만 장인(匠人)이 공구를 사용하여 큰길을 튼 것처럼, 물이 막히지 않고 거침없이 흐르는 것이 강이라는 뜻도 제공합니다.

본래 江(강 강)은 양자강을 뜻하는 단어였으나, 양자강이 중국의 여러 지역을 통과하므로 후에 강의 총칭으로 바뀌게 되었습니다.

중국을 대표하는 강에는 두 가지가 있습니다. 북부를 가로지르는 강은 황하(黃河)이고, 남부를 가로지르는 강은 양자강(揚子江)입니다.

그런데 중국인들은 보통 황하를 河(물 하) 그리고 양자강을 江(강 강)이라고 줄여서 부른답니다.

❼漢(한수 한): 汉(hàn)

漢(한수 한)은 원래 뜻을 나타내는 水(물 수)와 소리를 나타내는 難(어려울 난)이 합쳐진 형성 문자였습니다. 후에 隹(새 추)가 떨어져 나가고, 堇(진흙 근)만 남았죠. 漢(한수 한) 역시 번체자와 간체자의 모양이 다름에 유의해야 합니다.

[금문] [소전체]

이미 앞에서 설명했듯이, 소리가 나오는 難(어려울 난)은 뜻도 일정 부분 제공합니다. 따라서 간략하게 難(어려울 난)에 대해서 소개하지 않을 수 없겠네요.

④難(어려울 난): 难(nán)

難(어려울 난)은 堇(진흙 근)과 隹(새 추)가 합쳐진 회의 문자입니다.

[금문] [전국문자] [소전체]

堇(진흙 근)은 黃(누를 황)과 土(흙 토)가 합쳐진 회의 문자입니다.

[금문] [초계간백] [진계간독] [소전체]

❻黃(누를 황): 黄(huáng)

黃(누를 황)은 밭(田)에서 나오는(↑) 색이라는 뜻의 지사 문자입니다.

隹(새 추)는 새가 고개를 돌리고 앉은 모양을 그린 상형 문자입니다.

[갑골문] [금문] [전국문자] [소전체]

이들을 합치면 難(어려울 난)은 새(隹)가 진흙(堇)에 빠졌으니 날아오르기 어렵다는 뜻이 됩니다.

따라서 지금까지 설명한 내용을 정리해보면, 漢(한수 한)은 진흙(難)빛을 띤 강물(水)이라는 뜻을 지닌다는 걸 알 수 있는데요. 한수를 실제로 보면, 강물 색이 흙빛으로 혼탁함을 알 수 있습니다.

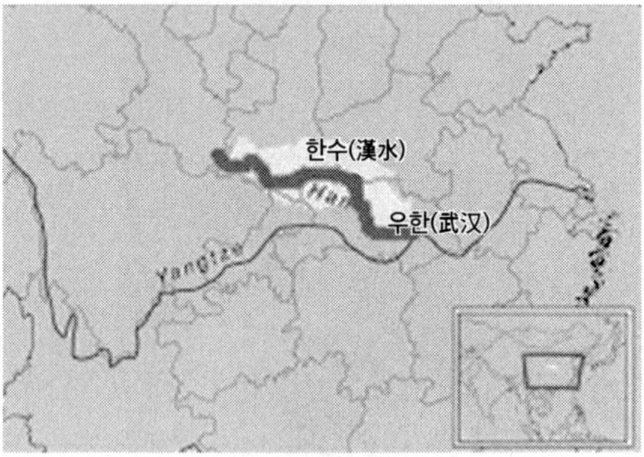

한수(漢水)는 한강(漢江)이라고도 불리는데, 우리나라의 젖줄 한강(漢江)과는 아무런 관련이 없습니다. 우리나라 한강의 '한'은 '크다'라는 의미의 순한글인데, 훗날 지명을 한자로 표기하는 과정에서 漢(한수 한)을 음차(音借), 즉 빌려와 표기한 겁니다.

한수는 양자강의 지류로 총 길이는 1,532km에 이릅니다. 발원지는 산시성(陝西省) 한중시(汉中市)이고, 후베이성(湖北省) 우한시(武汉市)에서 양자강과 합류합니다.

합류하는 강은 우한시를 우창(武昌)과 한커우(汉口) 그리고 한양(汉阳) 세 부분으로 나누고 있는데요. 중국의 왕조인 한나라와 도시 한중 그리고 중국의 다수 민족인 한족이 모두 이 강 이름에서 유래했습니다.

❼活(물 콸콸 흐를 괄/살 활): 活(guō/huó)

活(물 콸콸 흐를 괄/살 활)은 水(물 수)와 昏(입 막을 괄)이 합쳐진 형성 문자입니다. 따라서 昏(입 막을 괄)에서 소리가 나지만, 뜻도 함께 제공하죠.

[소전체]

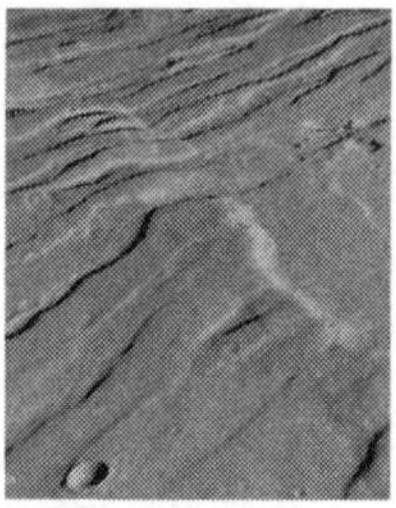

昏(입 막을 괄)은 산(山을 오른쪽으로 90도 회전한 모양)의 낭떠러지 옆에 튀어나온(乁) 바위(氏)가 떨어져 입(口)을 막았다는 뜻입니다. 그러다가 물(水)이 막힌 입을 뚫고 나오게 되니, 콸콸 흐르게 된다는 거죠.

또한 물은 생명의 근원입니다. 지구의 모든 생명체는 물에서 시작됐죠. 탐사선이 화성에서 물이 흐르던 흔적을 찾았을 때 사람들이 흥분을 감추지 못했던 이유는, 그것이 화성에도 생명체가 존재했을 가능성이 높다는 사실을 암시하기 때문입니다. 따라서 活(물 콸콸 흐를 괄/살 활)은 물이 콸콸 흐른다는 뜻에서 생명으로 확대되었으므로, 전주 문자가 되기도 합니다.

❼海(바다 해): 海(hǎi)

海(바다 해)는 뜻을 담당하는 水(물 수)와 발음을 담당하는 每(매양 매)가 합쳐진 형성 문자입니다.

[금문] [소전체]

따라서 每(매양 매)는 발음뿐만 아니라, '늘, 마다, 모든 곳'이라는 의미도 함께 전달하고 있죠. 즉 물이 사방 도처에 있는 곳이 바로 바다라는 뜻이 됩니다.

이제 여기서 每(매양 매)도 함께 알아보겠습니다.

❼每(매양 매): 每(měi)

每(매양 매)는 여성(女) 또는 어미(母)가 머리 위에 장식(^^)을 하고 있는 모습을 묘사했습니다.

[갑골문] [금문] [전국문자] [소전체]

여성 또는 어미는 언제 어디서나 머리 위에 장식을 해서 단정한 모습을 보인다는 뜻을 지니죠. 따라서 '늘, 마다, 모든 곳'이라는 뜻을 나타내는 지사 문자가 됩니다.

❽女(여자 녀): 女(nǚ)

女(여자 녀)는 두 손을 가지런히 모으고 공손하게 앉아있는 여성의 모습을 묘사한 상형 문자입니다.

두 손을 모으고 공손히 앉아서 예절을 갖춘 사람이 여성이라는 뜻이죠.

❽母(어미 모): 母(mǔ)

母(어미 모)는 아이를 안고 젖을 먹이는 모습을 그린 상형 문자입니다.

[갑골문] [금문] [전국문자] [소전체]

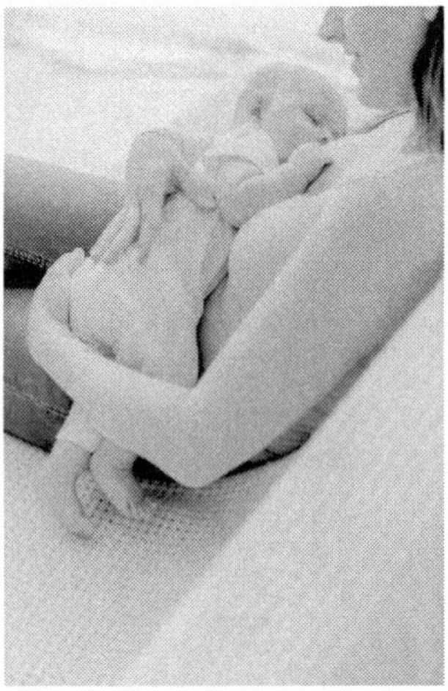

아이에게 젖을 먹이는 존재가 바로 어미라는 뜻이죠.

❼洞(골 동): 洞(dòng)

洞(골 동)은 뜻을 나타내는 水(물 수)와 소리를 나타내는 同(한 가지 동)이 합쳐진 형성 문자입니다.

[소전체]

同(한가지 동)은 합쳐진다는 뜻을 지니죠. 그러므로 洞(골 동)은 여러 갈래의 작은 물줄기가 합쳐지는 곳을 의미합니다.

이제 여기서 同(한가지 동)도 함께 알아보겠습니다.

❼同(한가지 동): 同(tóng)

同(한가지 동)은 凡(무릇 범)과 口(입 구)가 합쳐진 회의 문자입니다.

[갑골문] [금문] [전국문자] [소전체]

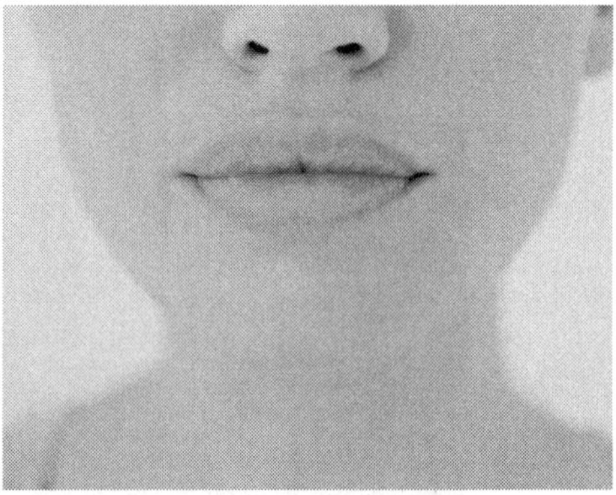

凡(무릇 범)에서 '크게 다르지 않다'라는 뜻이 왔고, 口(입 구)에서 '말하다'라는 뜻이 왔죠. 따라서 사람들의 말이 크게 다르지 않으니 '한가지, 같다'라는 뜻이 만들어진 겁니다.

이어서 凡(무릇 범)도 함께 살펴볼까요?

❸凡(무릇 범): 凡(fán)

凡(무릇 범)은 두께가 얇고 넓은 쟁반의 모양을 문자로 가져왔습니다.

[갑골문] [금문] [전국문자] [소전체]

두께가 얇다는 건 그만큼 별반 다르지 않고 비슷하다는 걸 의미합니다. 폭이 넓으면(二) 서로 다른 다양한 개체들이 공존하지만, 폭이 좁아질수록(一) 서로 크게 다르지 않고 비슷해진다는 거죠. 일반(一般)이라는 단어 역시 '하나의 쟁반'이라는 뜻에서 출발해서, 같거나 대체로 비슷하다는 뜻을 갖게 된 것처럼 말입니다.

- 12장 -

❽山(메 산)-❽大(큰 대)-❼夫(사내 부)

-❼立(설 립)-❼天(하늘 천)

❽山(메 산): 山(shān)

山(메 산)은 산의 모양을 그대로 가져온 상형 문자입니다.

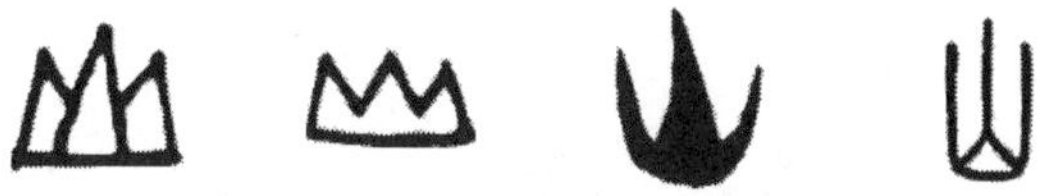

[갑골문] [금문] [전국문자] [소전체]

다만 산봉우리 하나가 아닌, 셋 이상의 여러 개가 이어진 산을 묘사한 거죠.

❽大(큰 대): 大(dà)

大(큰 대)는 앞의 작은 산봉우리와 뒤의 그보다 더 높이 솟은 산봉우리를 겹쳐서 묘사했습니다.

[갑골문] [금문] [초계간백] [진계간독] [소전체]

앞의 작은 산봉우리(ㅅ)보다 뒤의 더 높이 솟은 산봉우리(ㅅ)가 크다는 뜻을 지니죠. 따라서 이는 지사 문자가 됩니다.

만약 기존의 학설처럼 사람이 두 팔을 벌리고 다리를 벌린 채로 서 있는 모습이 '크다'라는 의미를 지닌다면, '人(사람 인)'의 의미를 풀이할 때 모순이 생기게 됩니다. 말 그대로 '서 있을 땐 두 손을 공손히 모으고 따르는 모습을 보이는 게 사람'일진대, 어떻게 두 팔을 벌리고 서 있다고 해서 갑자기 '크다'라는 의미를 지닐 수 있을까요?

이처럼 大(큰 대)는 작은 것의 기준을 넘어섰다는 의미를 지닙니다. 따라서 노자는 『도덕경』에서 크다는 개념을 언급할 때, 다음과 같이 설명했습니다.

> 25-3: 大曰逝, 逝曰遠, 遠曰反。
>
> 크다는 것은 지나감을 일컫고, 지나감은 멀어짐을 일컬으며, 멀어짐은 반대로 됨을 일컫는다.
>
> -『도덕경』, 「25장」

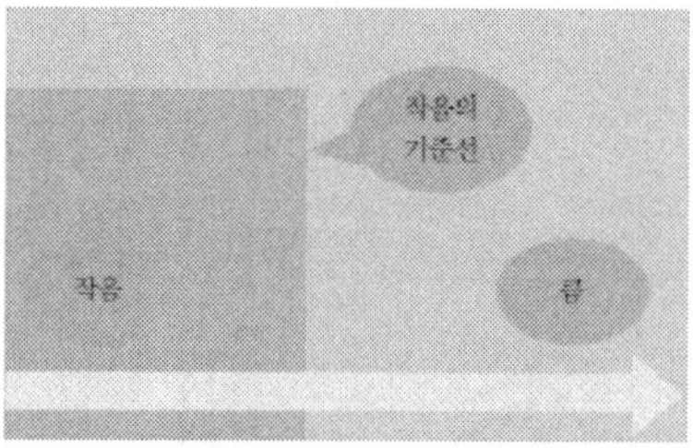

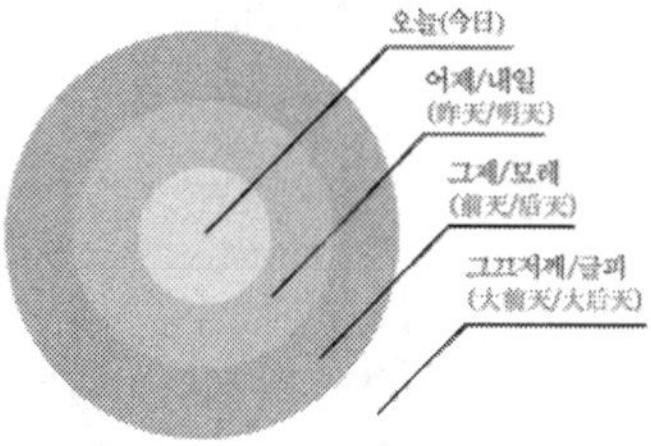

크다는 것은 작음의 기준을 지난다는 뜻입니다. 작음의 기준을 지난다는 것은 작음의 기준에서 점점 멀어진다는 뜻이므로, 크다는 것은 작음의 기준선을 넘어서서 나아가 멀어지는 거죠.

따라서 중국어에서 왜 그끄저께를 大前天[dàqiántiān] 그리고 글피를 大后天[dàhòutiān]이라고 하는지 이해할 수 있을 겁니다. 바로 오늘이라는 기준선에서 벗어나 어제나 내일 심지어 그제나 모레보다도 더 멀어진 날을 뜻하기 때문이죠.

그리고 작음의 기준에서 멀어진다는 것은 반대로 큼의 기준에 그만큼 가까워진다는 뜻이므로, 노자는 멀어지는 것이 반대로 되는 것이라고 한 겁니다.

❼夫(사내 부): 夫(fū)

夫(사내 부)는 大(큰 대)에 一(상투를 튼 후 꽂는 동곳)을 더한 회의 문자입니다.

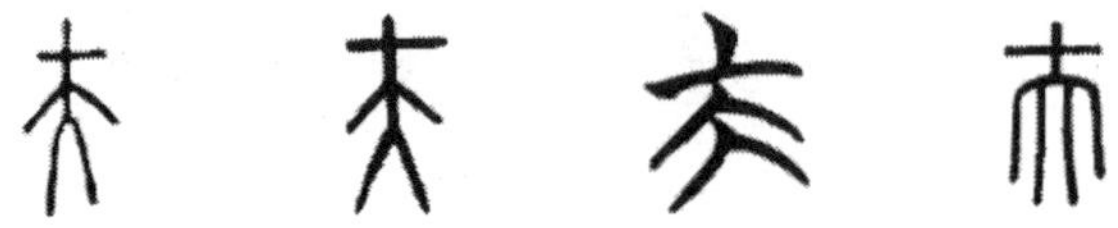

[갑골문] [금문] [전국문자] [소전체]

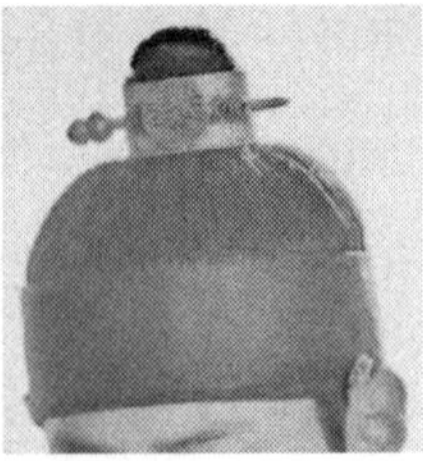

다 큰 사람(大)이 상투를 틀고 머리카락이 풀어지지 않도록 동곳(一)이라는 장신구를 꽂았으니, 이제 성인식을 마친 사내라는 뜻을 지녔죠.

❼立(설 립): 立(lì)

立(설 립)은 大(큰 대)와 一(땅)이 합쳐진 회의 문자입니다. 커다란 물체가 땅 위에 있다는 걸 나타내죠.

[갑골문] [금문] [전국문자] [소전체]

따라서 立(설 립)은 단순히 서 있는 게 아니라, 흔들리지 않고 확고하게 자리 잡고 있다는 의미를 지닙니다. 이와 관련하여 다음 기록도 함께 살펴보죠.

> 2-4: 子曰: "吾, 十有五而志于學。三十而立。四十而不惑。五十而知天命。六十而耳順。七十而從心所欲, 不踰矩。"
> 공자가 말씀하셨다. "나는, 열다섯 살에 (성인의 도를) 배움에 뜻을 두었다. 서른 살에 확고히 설 수 있게 되었다. 마흔 살에는 미혹되지 않게 되었다. 쉰 살에는 천명을 알게 되었다. 예순에는 귀가 순응하게 되었다. 일흔에는 마음이 바라는 바를 따르지만, 법도를 넘지 않았다."
>
> -『논어』, 「위정」

따라서 공자가 나이 삼십에 서게 되었다는 말은 "어떠한 상황에서도 흔들림 없이 도를 실천하는데 정진하였다."라는 뜻이 됨을 알 수 있습니다.

❼天(하늘 천): 天(tiān)

天(하늘 천)은 大(큰 대)와 그보다 더 높은 곳(一)이 합쳐진 회의 문자입니다.

[갑골문] [금문] [전국문자] [소전체]

앞의 작은 산봉우리(ㅅ)보다 더 높이 솟은 뒤의 산봉우리는 큰데(大), 그보다도 훨씬 더 높이 있는 곳(ㅁ 또는, ㅇ)에 있으니, 이는 지고무상의 하늘이라는 뜻을 지니죠. 참고로 갑골문과 금문에서는 하늘을 나타낼 때 네모난 하늘 모양의 'ㅁ' 또는 동그란 하늘 모양의 'ㅇ'을 표시하곤 했습니다. 그리고 소전체에서는 '一'로 바뀌었죠.

- 13장 -

❼色(빛 색)-❸刀(칼 도)-❼方(모 방)

-❼物(물건 물)-❺牛(소 우)-❸勿(말 물)

-❼邑(고을 읍)-❽國(나라 국)-❹或(나라 역)

-❷戈(창 과)-❽弟(아우 제)-❼村(마을 촌)

❼色(빛 색): 色(sè)

色(빛 색)은 칼(F)을 든 관리 앞에 무릎을 꿇고 있는 죄인의 모습을 묘사한 문자입니다. 칼을 든 관리의 판결에 따라 죄인의 낯빛이 바뀌므로, '얼굴색, 안색'을 뜻하는 지사 문자에 해당하죠.

[출처: 국립민속박물관]

[갑골문] [전국문자] [소전체]

따라서 色(빛 색)은 본래 '얼굴빛, 안색'이라는 뜻이었다가, '색, 색깔'이라는 뜻으로 확대되었으므로 전주 문자에 해당하기도 합니다.

여기서 잠시 刀(칼 도)도 함께 살펴볼까요?

❸刀(칼 도): 刀(dāo)

刀(칼 도)는 칼의 모양을 그대로 가져온 상형 문자입니다. 칼의 손잡이와 칼의 등 그리고 칼날을 묘사했죠.

[갑골문] [금문] [전국문자] [소전체] [금문]

금문의 모양을 뒤집어서 갑골문과 비교하면 알 수 있듯이, 갑골문은 손잡이와 칼등, 칼날만을 그리고 칼끝은 묘사하지 않았습니다.

❼方(모 방): 方(fāng)

方(모 방)의 모양은 刀(칼 도)와 기본적으로 같습니다. 그런데 손잡이 부분을 보면 一(한 획)이 더 있죠.

[갑골문] [금문] [초계간백] [진계간독] [소전체]

이는 바로 손을 보호하기 위해서 만든 코등이인데, 이것이 칼의 모가 난 부분인 거죠. 따라서 方(모 방)은 칼의 코등이처럼 귀퉁이가 쑥 튀어나온 것이 '모'라는 뜻이 되므로, 상형 문자가 됩니다.

❼物(물건 물): 物(wù)

物(물건 물)은 牛(소 우)에서 뜻이 오고 勿(말 물)에서 소리가 오는 형성 문자입니다.

[갑골문] [전국문자] [소전체]

物(물건 물)을 이해하기 위해서는, 먼저 牛(소 우)와 勿(말 물)에 대해 살펴봐야 합니다.

❺牛(소 우): 牛(niú)

牛(소 우)는 두 뿔이 달린 소의 모습을 그대로 묘사한 상형 문자입니다.

[갑골문] [금문] [전국문자] [소전체]

❸勿(말 물): 勿(wù)

勿(말 물)은 칼(刀)에 묻은 피(,,)를 묘사한 문자입니다.

[갑골문] [금문] [전국문자] [소전체]

관리가 하지 말라고 명령했는데, 이에 따르지 않으면 어쩔 수 없이 칼을 휘둘러 처단하게 됩니다. 따라서 칼에 묻은 피를 묘사하여 '하지 마'라는 금기의 명령을 나타냈으므로 이는 지사 문자가 되죠.

이제 物(물건 물)을 정리하면 다음과 같습니다. 칼에 피를 묻혀가면서(勿) 소(牛)를 해체하면 뿔, 가죽, 고기, 우족, 꼬리 등 온갖 것들로 나뉘어서 나온다는 뜻이 되죠.

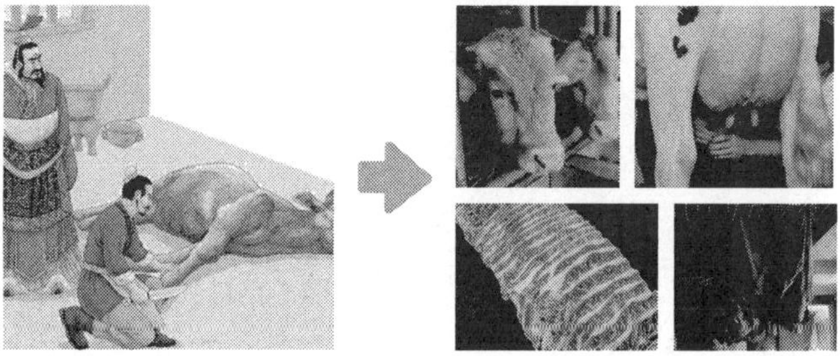

⑦邑(고을 읍): 邑(yi)

邑(고을 읍)은 성벽으로 둘러싸인 곳을 나타내는 '口'과 무릎 꿇고 있는 사람을 합친 회의 문자입니다.

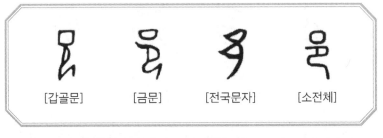

[갑골문] [금문] [전국문자] [소전체]

명령에 복종하는 사람들이 성벽으로 둘러싸인 지역에 사는 곳이 바로 '고을, 도읍, 도성'이라는 뜻이죠.

❽國(나라 국): 国(guó)

國(나라 국)은 성벽으로 둘러싸인 곳을 나타내는 '口'과 或(나라 역)이 합쳐진 회의 문자입니다.

[갑골문] [금문] [전국문자] [소전체]

따라서 國(나라 국)을 이해하려면, 먼저 或(나라 역)에 대해서 알아봐야 합니다.

❹或(나라 역): 或(yù/huò)

或(나라 역)은 성벽으로 둘러싸인 곳을 나타내는 '口(성채)'와 戈(창 과)가 합쳐진 회의 문자입니다.

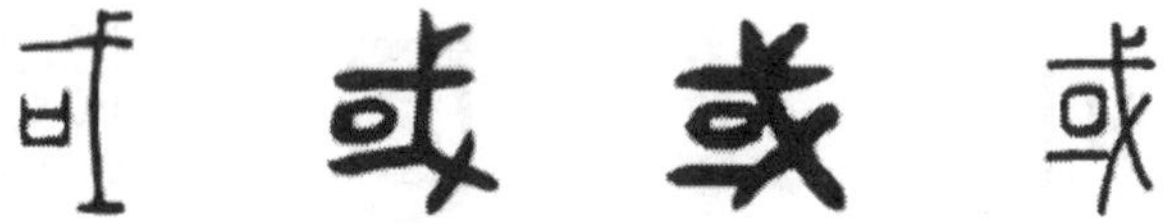

[갑골문] [금문] [전국문자] [소전체]

즉 창을 든 병사(戈)들이 성벽으로 둘러싸인 성채(口)를 지키니, 이 지역이 바로 '나라'라는 뜻이죠. 여기서 잠시 戈(창 과)도 살펴보겠습니다.

❷戈(창 과): 戈(gē)

戈(창 과)는 창의 모양을 그대로 옮겨온 상형 문자입니다.

[갑골문] [금문] [전국문자] [소전체]

여기서 창과 관련된 弟(아우 제)도 잠시 같이 짚고 넘어갈까요?

❽弟(아우 제): 弟(di)

弟(아우 제)는 戈(창 과)와 S(밧줄)가 합쳐진 문자입니다.

[갑골문] [금문] [전국문자] [소전체]

갑골문의 화살표 방향을 보면 알다시피, 창(Y)에 밧줄(S)을 묶는 건 아래에서 출발하여 점차 위로 향해야 한다는 거죠. 따라서 弟(아우 제)는 원래 '순서, 차례'를 뜻했습니다. 그러다가 '아래, 밑, 아우, 동생'이라는 뜻으로 전용되면서, 훗날 竹(대 죽)을 합쳐 第(차례 제)를 만들어 '차례, 순서'를 뜻하기 시작했습니다.

이제 國(나라 국)과 或(나라 역)의 갑골문과 금문을 비교해보면, 두 문자의 모양에 별 차이가 없습니다.

[갑골문] [금문] [전국문자] [소전체]

[갑골문] [금문] [전국문자] [소전체]

이를 통해서 과거에는 國(나라 국)과 或(나라 역)을 구별하지 않고 쓰다가, 후에 성벽으로 둘러싸인 곳을 나타내는 '口(성채)'를 추가했음을 알 수 있습니다. 따라서 '나라, 국가'는 군대가 외부의 침략으로부터 지키는 곳을 의미하는 겁니다.

⑦村(마을 촌): 村(cūn)

村(마을 촌)은 왼쪽의 邑(고을 읍)과 오른쪽의 屯(어려울 준/진칠 둔)이 합쳐진 글자입니다. 소전체에서는 좌우의 위치가 바뀌었죠.

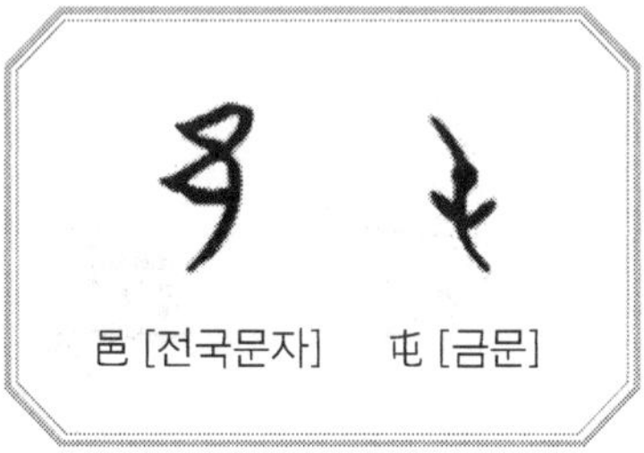

이 문자는 屯(어려울 준/진칠 둔)에서 소리가 오고 邑(고을 읍)에서 뜻을 딴 형성 문자입니다. 하지만 屯(어려울 준/진칠 둔) 역시 '방어하다'라는 뜻을 제공하므로, 村(마을 촌)은 성벽으로 둘러싸인 도읍지(邑)를 군사들이 주변에서 방어하는 지역이라는 뜻을 갖습니다. 오늘날에도 도읍지를 뜻하는 도시(邑) 주변에 있는 지역을 촌(村)이라고 부르는 이유가 바로 여기에 있죠.

- 14장 -

❼車(수레 거/차)-❽軍(군사 군)

❼車(수레 거/차): 车(chē)

車(수레 거/차)는 전차로 쓰인 수레의 모양을 그대로 옮겨온 상형 문자입니다.

[갑골문] [금문] [초계간백] [진계간독] [소전체]

처음에는 바퀴를 뒤로한 모습을 묘사했다가, 점차 바퀴를 위 아래(二)로 하고 중간에 짐칸(田)을 둔 모양으로 바뀌게 되죠. 車(수레 거/차)는 번체자와 간체자의 모양이 다름에 유의해야 합니다.

❽軍(군사 군): 军(jūn)

軍(군사 군)은 車(수레 거/차)와 勹(쌀 포)가 합쳐진 회의 문자입니다.

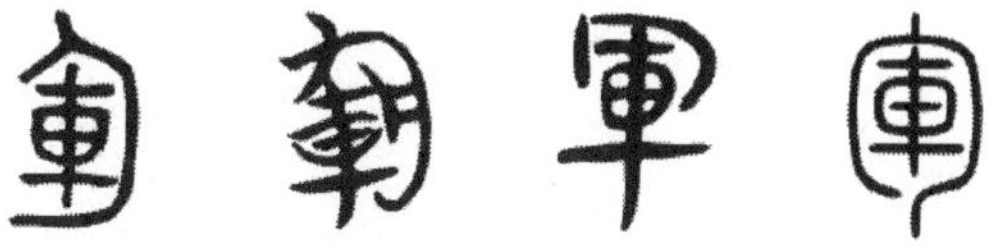

[금문] [초계간백] [진계간독] [소전체]

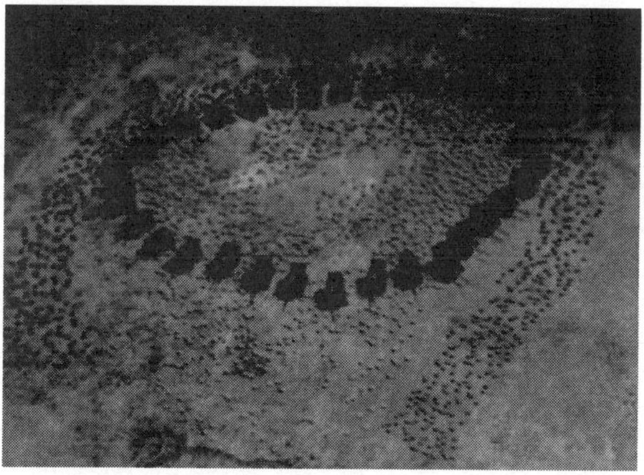

[출처: EBS, <다큐프라임: 강대국의 비밀 3부-세계제국 몽골>]

고대에는 보병이 직접 싸우지 않고 수레로 포위하여 전쟁을 했으므로, 수레로 에워싸는 것이 싸우는 군사라는 뜻을 지녔죠.

- 15장 -

❼命(목숨 명)-❺令(하여금 령)-❽金(쇠 금)

-❻今(이제 금)-❼答(대답 답)-❹竹(대 죽)

-❻合(합할 합)-❼食(밥 식)-❽白(흰 백)-❹豆(콩 두)

❼命(목숨 명): 命(mìng)

命(목숨 명)은 令(하여금 령)과 口(입 구)가 합쳐진 형성 문자입니다.

[갑골문] [금문] [전국문자] [소전체]

그런데 갑골문을 보면, 口(입 구)가 보이지 않죠. 따라서 먼저 令(하여금 령)에 대해 알아보겠습니다.

❺令(하여금 령): 令(lìng)

令(하여금 령)은 많은 양이 쌓여 있음을 뜻하는 亼(삼합집)과 무릎 꿇고 있는 사람의 모양이 합쳐진 회의 문자입니다.

[갑골문]　[금문]　[전국문자]　[소전체]

亼(삼합집)은 물질이 쌓여져서, 삼각형 모양을 하고 있는 형태인데요.

이를 종합해보면 많은 사람들이 무릎을 꿇고 있는 건, 관리가 그들을 부리기 위한 것이라는 뜻이죠. 나아가 무릎 꿇고 있는 사

람들은 자신을 부리는 관리의 안색을 살펴야 해서 '아첨, 아부하다'라는 뜻까지 생겨났으므로, 전주 문자라고도 할 수 있습니다.

巧 言 令 色

공교로울 교 　말씀 언 　명령할 령(영) 　빛 색

'교묘한 말과 아첨하는 얼굴 모습'을 말하며,

'남에게 아첨하는 말과 태도'를 일컫는 말

[출처: 영화 <아부의 왕> 공식 포스터]

이제 왜 교언영색(巧言令色)이 '교묘한 말과 아첨하는 얼굴색'으로 풀이되는지 이해가 되죠?

다시 돌아와서 命(목숨 명)에 대해서 계속 살펴보겠습니다.

이처럼 命(목숨 명)은 원래 令(하여금 령)과 구별 없이 쓰였습니다. 그러다가 명령한다는 의미를 강조하기 위해서, 후에 口(입 구)를 붙인 겁니다. 따라서 命(목숨 명)은 令(하여금 령)과 口(입 구)가 합쳐진 형성 문자라고 할 수 있는데요.

口(입 구)는 말로 명령한다는 뜻을 제공하고, 令(하여금 령)에서 소리가 나옵니다. 하지만 令(하여금 령)은 사람들로 하여금 그 명령을 따르게 한다는 의미도 제공하죠. 그러므로 命(목숨 명)은 말로 사람들을 부리는 것이 명령하는 것이라는 뜻을 지닙니다.

그리고 무릎을 꿇고 있는 사람들은 명령하는 관리에게 자신의 목숨이 달려있기 때문에, 후에 '목숨'이라는 뜻까지 확대되었으므로 전주 문자라고 할 수도 있습니다.

❽金(쇠 금): 金(jīn)

金(쇠 금)은 今(이제 금)과 ㅗ(흙 토) 그리고 丷(박힌 광물)을 표시했습니다.

[금문] [전국문자] [소전체]

흙이 쌓여 만들어진 돌에 박혀 있는 쇠나 금 등의 광물이라는 뜻을 가지고, 소리는 今(이제 금)에서 왔으므로 형성 문자가 되죠. 그렇다면 제공한 뜻을 이해하기 위해, 여기서 잠시 今(이제 금)을 살펴보겠습니다.

❻今(이제 금): 今(jīn)

今(이제 금)은 많은 양이 쌓여 있음을 뜻하는 亼(삼합집)과 一(미쳐서 닿음)이 합쳐진 회의 문자입니다.

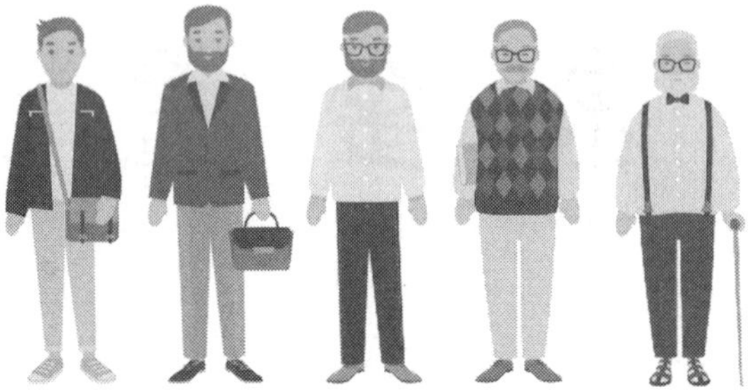

세월이 쌓여서 닿은 곳이 바로 '지금, 현재'라는 뜻이죠. 따라서 金(쇠 금)은 ㅗ(흙)이 쌓여서(今) 만들어진 돌(퇴적암)에 박힌 금이나 쇠 같은 광물(丷)이라는 뜻이므로, 今(이제 금)은 소리뿐 아니라 쌓여서 이뤄졌다는 뜻도 제공한 겁니다.

❼答(대답 답): 答(dá)

答(대답 답)은 竹(대 죽)과 合(합할 합)이 합쳐진 형성 문자입니다.

[소전체]

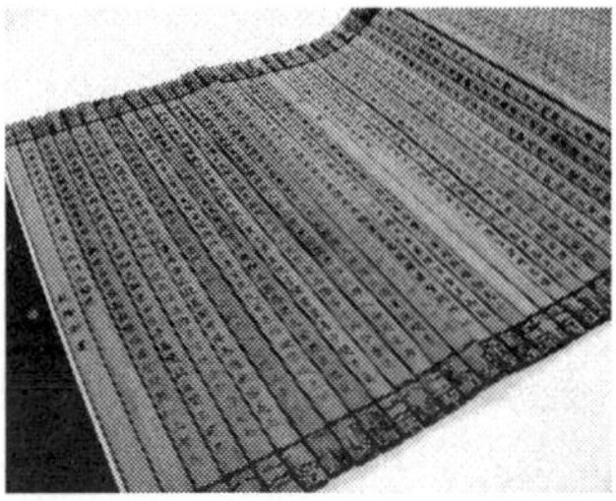

答(대답 답)은 甲骨文(갑골문)이나 金文(금문)에는 없고 소전체에 처음 보이므로, 주나라 이후에 만들어진 문자인데요. 종이가 발명되기 전에는 대나무를 쪼개서 글을 적었으므로, 대나무 조각을 합쳐 만든 죽간(竹簡)이란 뜻을 지녔습니다. 그러다가 후대에 죽간에 글을 썼으므로 '문서, 편지'라는 뜻이 생기고, 나아가 '회답, 대답하다'라는 뜻으로 확장된 전주 문자이기도 합니다.

여기서 잠시 竹(대 죽)도 살펴볼까요?

❹竹(대 죽): 竹(zhú)

竹(대 죽)은 대나무 잎사귀 모양을 그대로 가져온 상형 문자입니다.

[갑골문] [금문] [전국문자] [소전체]

⑥合(합할 합): 合(hé)

合(합할 합)은 많은 양이 쌓여 있음을 뜻하는 亼(삼합집)과 口(입 구)가 합쳐진 회의 문자입니다.

[갑골문] [금문] [전국문자] [소전체]

입(口)은 다양한 의미를 가집니다. '먹다, 마시다, 씹다, 뱉다, 깨물다, 말하다' 등등, 그리고 여기에선 사람의 말이나 의견을 뜻하죠. 따라서 사람들의 의견이 쌓이니, 이를 '합하다, 모으다'라는 뜻이 된 겁니다.

⑦食(밥 식): 食(shí)

食(밥 식)은 많은 양이 쌓여 있음을 뜻하는 亼(삼합집)과 白(흰 백) 그리고 豆(콩 두)가 합쳐진 회의 문자입니다.

[갑골문] [금문] [전국문자] [소전체]

그릇에 흰 쌀이 쌓인 것이 바로 먹는 밥이라는 뜻이죠. 여기서 白(흰 백)과 豆(콩 두)를 나란히 살펴보도록 하겠습니다.

❽白(흰 백): 白(bái)

白(흰 백)은 하얀색의 쌀알 모양을 그대로 가져왔습니다.

[갑골문] [금문] [전국문자] [소전체]

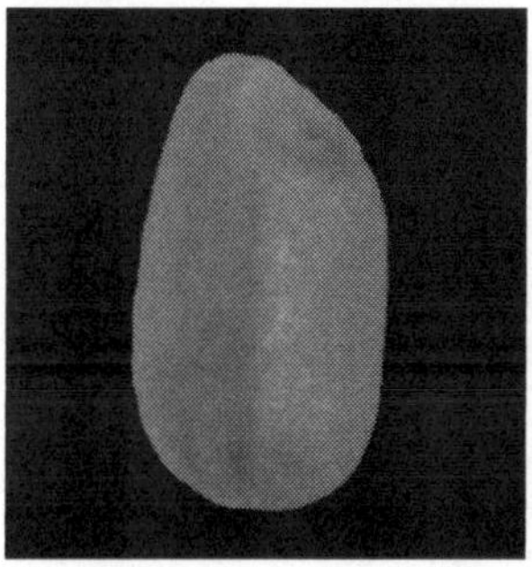

하지만 가리키는 뜻이 '쌀, 쌀알'이 아니라, 그 쌀의 빛인 '흰색, 하얀색'이 되므로 지사 문자가 되죠.

❹豆(콩 두): 豆(dòu)

豆(콩 두)는 제사 때 쓰이는 그릇인 제기(祭器)의 모양을 그대로 가져온 상형 문자입니다.

[갑골문] [금문] [전국문자] [소전체]

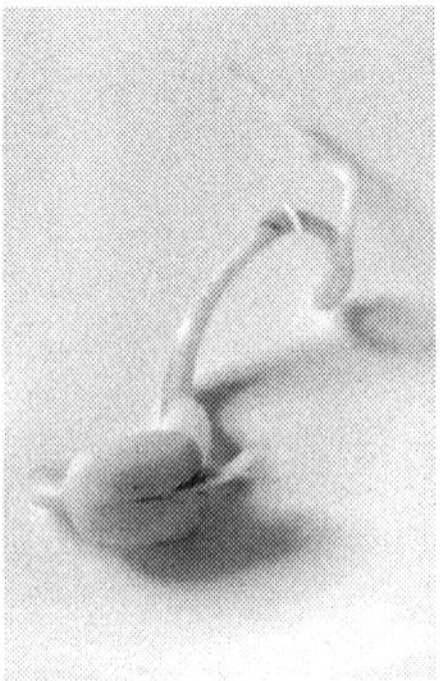

말 그대로 '음식물을 담는 그릇'이라는 뜻을 지녔죠.

그리고 후에 싹이 난 콩 모양과도 비슷하다고 해서 '콩'이란 뜻까지 생겨났으므로, 전주 문자라고도 할 수 있습니다.

- 16장 -

❼足(발 족)-❺止(그칠 지)-❼出(날 출)

-❼登(오를 등)-❼正(바를 정)-❼前(앞 전)

-❸舟(배 주)-❼後(뒤 후)-夊(천천히 걸을 쇠)

-❻다닐 행(行)-幺(작을 요)-❼地(땅 지)

-❷阜(언덕 부)-❸也(잇기 야/어조사 야)

❼足(발 족): 足(zú)

足(발 족)은 사람의 발(止)과 그 위에 연결된 다리(0)의 모습을 가져온 상형 문자입니다.

[갑골문] [금문] [전국문자] [소전체]

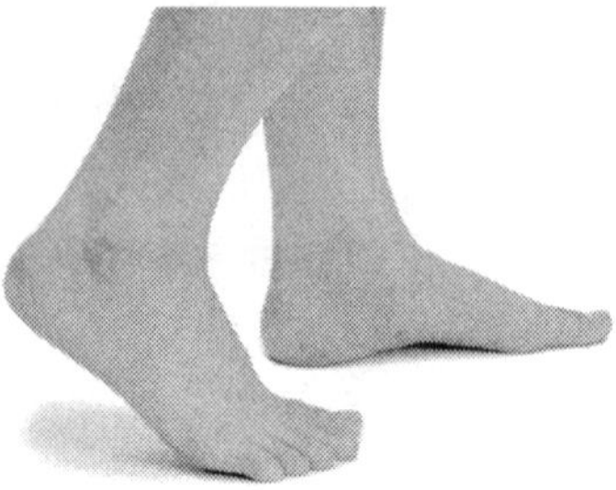

말 그대로 허리 밑 신체 부위가 발이라는 뜻을 지녔죠. 금문부터는 발을 부각시키기 위해서 그 윗부분의 비율은 작아졌고, 모양도 'ㅇ'에서 'ㅁ'으로 변했음을 알 수 있습니다.

이어서 足(발 족)에서 사람의 발을 나타낸 止(그칠 지)에 대해서도 잠시 살펴보겠습니다.

❺止(그칠 지): 止(zhǐ)

止(그칠 지)는 사람의 왼발 모양을 그대로 가져왔습니다.

[갑골문] [금문] [전국문자] [소전체]

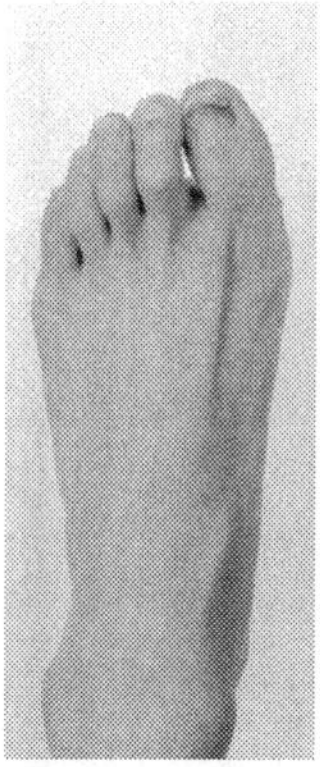

하지만 왼쪽의 엄지발가락을 부각시켰죠. 즉 사람이 걷다가 멈출 때 엄지발가락에 힘을 준다는 뜻이므로, 이는 지사 문자가 됩니다.

❼出(날 출): 出(chū)

出(날 출)은 사람의 발(止)과 건물의 내부(U)를 표시한 지사 문자입니다.

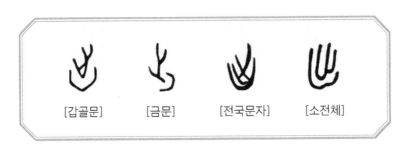

[갑골문] [금문] [전국문자] [소전체]

사람의 발이 건물 안에서 밖으로 향하니, 이것이 '나다'라는 뜻이라는 거죠.

❼登(오를 등): 登(dēng)

登(오를 등)은 癶(벌어질 발)과 豆(콩 두)가 합쳐진 회의 문자입니다.

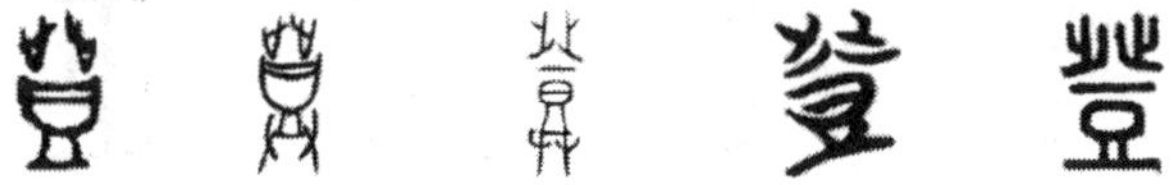

[갑골문] [갑골문] [금문] [전국문자] [소전체]

癶(벌어질 발)은 止(그칠 지) 두 개가 나란히 있는 형태로, 이는 두 발을 벌려서 서 있다는 걸 나타내죠. 따라서 두 발을 움직여서 제기(豆)를 제사상에 올리는 것이니, 이것이 바로 오르는 동작이라는 의미를 지닙니다. 또 다른 갑골문과 금문을 보면 두 손이 추가되어 제기를 잡고 있음을 나타내기도 했습니다.

❼正(바를 정): 正(zhèng)

正(바를 정)은 止(그칠 지)와 一(하늘)이 합쳐진 회의 문자입니다.

[갑골문] [금문] [전국문자] [소전체]

하늘 앞에서 걸음을 멈춘다는 건 하늘의 뜻을 선택하여 따르겠다는 걸 나타내므로, 그것이 바로 올바른 것이라는 뜻인데요. 天(하늘 천)에서 설명했다시피, 갑골문과 금문에는 하늘을 'ㅁ' 또는 'ㅇ'으로 표시하다가 소전체부터는 '一'로 바뀌었습니다.

❼前(앞 전): 前(qián)

前(앞 전)은 止(그칠 지)와 舟(배 주)가 합쳐진 회의 문자입니다.

[갑골문] [금문] [전국문자] [소전체]

배에 올라타서 걸음을 멈추고 서 있으면, 다른 사람보다 앞서게 된다는 뜻을 지니죠. 따라서 刂(선칼도방 도)는 어떤 오해로 인해 나중에 추가됐다는 걸 알 수 있습니다. 즉 前(앞 전)은 刀(칼 도)와 아무런 관련이 없는 겁니다.

여기서 舟(배 주)도 함께 알아볼까요?

❸舟(배 주): 舟(zhōu)

舟(배 주)는 통나무 배의 모습을 그대로 옮겨 놓은 상형 문자입니다.

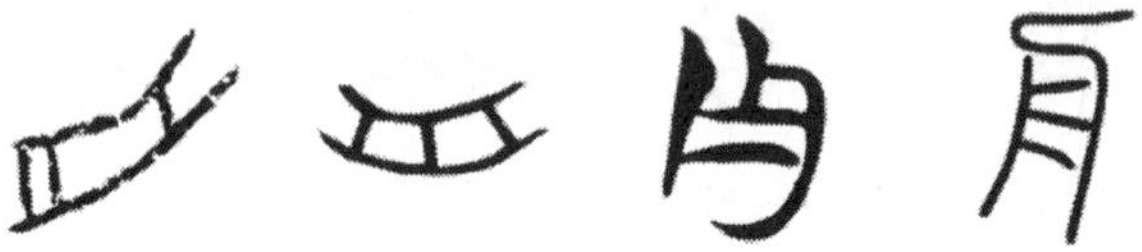

[갑골문] [금문] [초계간백] [소전체]

다만 처음에는 배가 가로로 놓인 모양을 묘사하다가, 문자의 균형미를 위해서 점차 세로 형태로 바뀌었음을 알 수 있습니다.

❼後(뒤 후): 后(hòu)

後(뒤 후)는 사거리를 나타내는 彳(조금 걸을 척)과 幺(작을 요) 그리고 夊(천천히 걸을 쇠)가 합쳐진 회의 문자입니다.

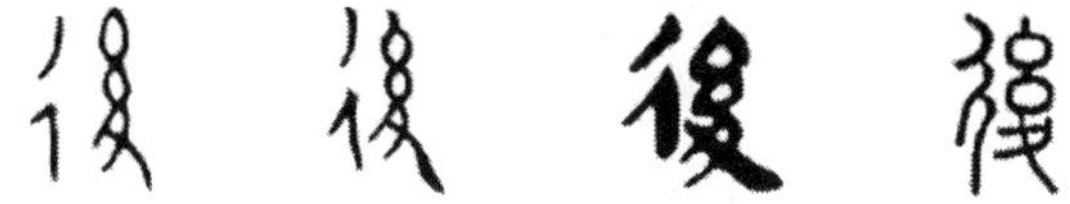

[갑골문] [금문] [전국문자] [소전체]

彳(조금 걸을 척)의 원래 모양인 네거리(行)에서 발을 뒤로 향하여 조금씩 걸으면 다른 사람보다 뒤에 있게 된다는 뜻인데요.

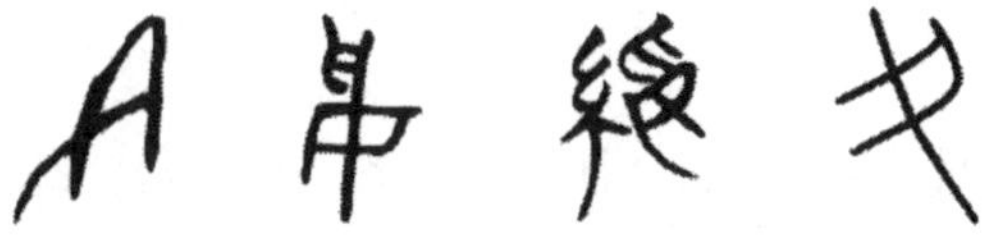

[갑골문]　[금문]　[초계간백]　[소전체]

夊(천천히 걸을 쇠)는 사람의 발(止)이 뒤로 향한 모양입니다.

[갑골문]　[금문]　[초계간백]　[진계간독]　[소전체]

발을 뒤로 하고 있으니, 다른 사람보다 늦어진다는 뜻을 지니죠.

後(뒤 후) 역시 번체자와 간체자의 모양이 다름에 유의해야 합니다. 그런데 後(뒤 후)의 간체자 后(hòu)는 이미 존재하는 后(임금 후)와 그 모양이 똑같습니다. 왜 그럴까요?

앞에서 중국은 원래 문맹 퇴치를 위해 한자를 없애려고 했지만, 여의치 않자 간체자(簡體字)를 사용하기 시작했다고 설명했습니다. 그리고 여기에 더해서, 발음이 같은 단어들을 찾아 하나의 문자로 통합했는데요. 좀 더 자세히 설명하면 다음과 같습니다.

後(hòu): 뒤 후 ⇨ 后(hòu): 뒤, 임금 후
后(hòu): 임금 후 ⇨ ~~後~~(hòu)

後(뒤 후)와 后(임금 후)는 원래 아무런 상관이 없는 별개의 두 문자입니다. 그러다가 문맹 퇴치를 방해하는 요소 중 하나가 너무 많은 글자 수라는 결론에 이르자, 이처럼 두 글자의 발음이 같은 경우 더 간단한 글자로 통합시키고 나머지는 없앤 거죠. 그래서 중국 대륙에서는 '번체자(繁體字)'를 사용하지 않을 뿐 아니라, 後(뒤 후)처럼 폐기된 문자 역시 공식적으론 사용하지 않습니다. 만약 後(뒤 후)를 아는 중국인이 있다면, 그건 개인적으로 따로 학습한 겁니다.

이제 行(다닐 행)과 幺(작을 요)에 대해서 알아보겠습니다.

❻行(다닐 행): 行(xíng)

行(다닐 행)은 네거리의 모양을 그대로 본뜬 상형 문자입니다. 따라서 '길, 도로'라는 뜻을 지니죠.

그러다가 점차 '다니다, 걷다'라는 의미로 확대되었으므로, 전주 문자가 되기도 합니다.

幺(작을 요)는 수태(임신)된 지 얼마 안 된 태아의 모습을 그대로 옮겨온 상형 문자입니다.

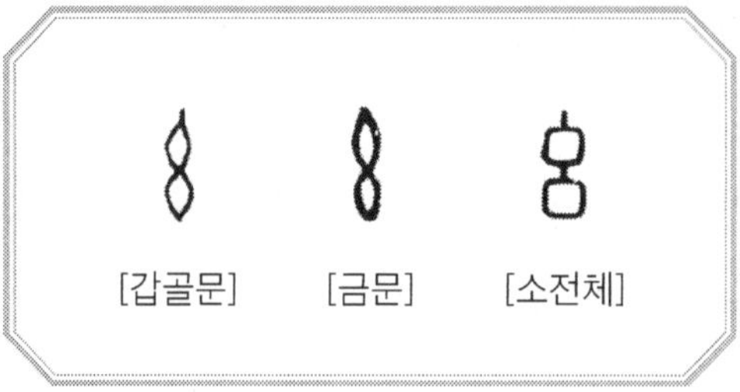

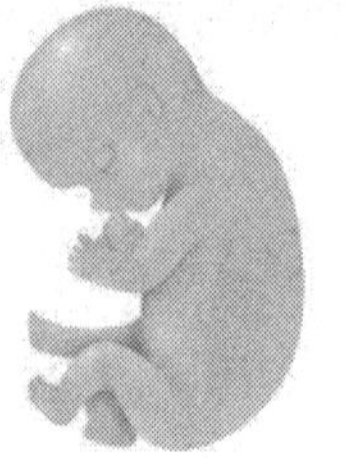

말 그대로 작고 여린 존재라는 뜻이죠.

이제 後(뒤 후)를 정리해보면 다음과 같습니다. 먼저 네거리를 나타내는 行(다닐 행)의 왼쪽만 따온 彳(조금 걸을 척)은 길 또는 걷는 걸 의미합니다. 幺(작을 요)는 조금이라는 뜻을 지니죠. 마지막으로 夂(천천히 걸을 쇠)는 사람의 발(止)이 뒤로 향한 모양입니다. 따라서 後(뒤 후)는 길거리에서 발을 뒤로 향하여 조금씩 걸으면 남들보다 뒤에 있게 된다는 뜻을 지니는 겁니다.

❼地(땅 지): 地(di)

地(땅 지)는 土(흙 토)와 也(잇기 야/어조사 야)가 합쳐져 만들어진 회의 문자입니다.

[금문] [전국문자] [소전체]

하지만 금문을 살펴보면, 阜(언덕 부)와 土(흙 토), 사람이 누워있는 모양(ㅋ) 그리고 오른손(又)과 夊(천천히 걸을 쇠)로 이뤄졌음을 알 수 있습니다.

여기서 잠시 阜(언덕 부)에 대해서 설명하겠습니다.

❷阜(언덕 부): 阜(fù)

阜(언덕 부)는 여러 언덕이 이어진 산등성이의 모양을 그대로 그려낸 상형 문자입니다. 다만 가로로 된 모양을 세로로 묘사한 것이 다르죠.

[갑골문] [갑골문] [갑골문] [소전체]

따라서 地(땅 지)는 흙(土)으로 이뤄진 광활한 곳인데, 좀 더 구체적으론 죽은 사람(ㅋ)을 손(又)으로 천천히 끌고 가(夊) 산등성이(阜) 아래로 던져서 매장하는 곳이라는 뜻을 지닌 회의문자임을 알 수 있습니다.

[금문] [전국문자] [소전체]

특히 地(땅 지)의 다른 형태를 보면, 개(犬)나 돼지(豕)가 누워있는 모습을 묘사한 경우도 있죠. 따라서 옛사람들은 이처럼 사람이나 동물이 죽으면 무덤을 만들지 않고, 산등성이에서 시신을 아래로 던져 장례를 치렀음을 알 수 있습니다. 이와 관련하여 다음 기록을 살펴보죠.

飮食男女, 人之大慾存焉; 死亡貧苦, 人之大惡存焉。

음식과 남녀는 사람이 매우 바라는 바이고; 사망(죽음)과 빈고(가난과 외로움)는 사람들이 대단히 싫어하는 바이다.

-『예기』, 「예운」

여기서 '음식'과 '사망(죽음)', '남녀'와 '빈고(가난과 외로움)'가 각각 대구 관계이며, '바라는 바'와 '싫어하는 바' 역시 대구 관계입니다.

다시 말해서 '음식'과 '사망(죽음)'이 대구 관계에 있으므로, '음식'은 식욕으로 번역해서는 안 되고, 먹을 것과 마실 것으로 풀이해야 합니다. 먹을 것과 마실 것은 사람을 구해내어 사망에서 멀어지게 하니까요. '남녀'와 '빈고(가난과 외로움)' 역시 대구 관계이므로 '남녀'는 성욕으로 해석해서는 안 되고, 결혼해서 집안을 이루는 것으로 풀이해야 합니다. 왜냐면 결혼해서 집안을 이루는 것은 사람을 구해내어 가난과 외로움에서 벗어나게 해주기 때문이죠. 고대 중국은 농경 사회였으므로 많은 자식을 낳는 것은 농사에 매우 중요한 부분이었고, 결혼이 사람을 가난에서 벗어나게 해준다는 개념도 같은 맥락에서 이해할 수 있습니다. 많으면 많을수록 좋다는 뜻을 지닌 다다익선(多多益善)

이라는 성어 역시 이러한 개념에서 비롯되었습니다.

이처럼 예로부터 지금까지 사람들은 '죽음'을 두려워하고 평상시엔 말하기 꺼렸습니다. 그래서 주나라 이후로는 '죽음'과 관련이 없는 也(잇기 야/어조사 야)로 대체했음을 알 수 있는데요.

그렇다면 오늘날의 地(땅 지)를 이루는 土(흙 토) 옆의 也(잇기 야/어조사 야)는 어떤 의도로 쓰인 걸까요? 여기서 也(잇기 야/어조사 야)를 설명하겠습니다.

❸也(잇기 야/어조사 야): 也(yě)

也(잇기 야/어조사 야)는 말이 끝나지 않고 이어진다는 의미를 지니고 있습니다. 사람의 입에서 혀가 나온 모습을 그대로 문자로 가져온 겁니다.

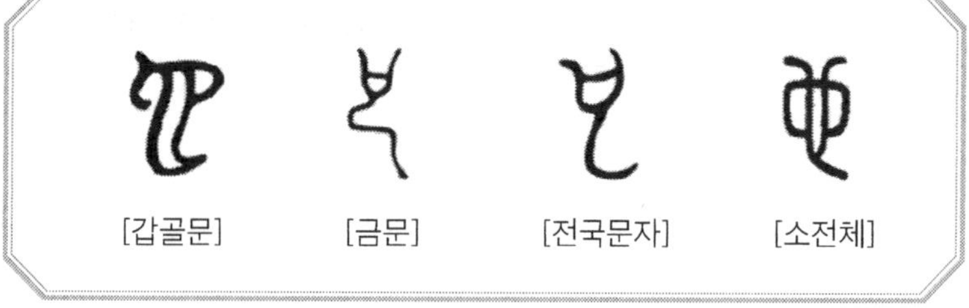

하지만 입에서 혀가 나옴으로써 말이 끊이지 않고 이어진다는 뜻을 지니므로, 이는 지사 문자에 속하죠. 따라서 오늘날의 地(땅 지)는 원래 뜻인 광활한 시신 매장지가 아닌, 흙(土)이 끊이지 않고 이어진(也) 땅이라는 뜻을 지닙니다.

그래서 우리는 끝이 보이지 않는 드넓은 땅을 일컬어서 대지(大地)라고 부릅니다. 대토(大土)라고 말하는 사람은 없죠.

- 17장 -

❼道(길 도)-❺首(머리 수)-❼面(낯 면)

-❼自(스스로 자)-❼夏(여름 하)-㊕頁(머리 혈)

-❼動(움직일 동)-❸辛(매울 신)

❼道(길 도): 道(dào)

道(길 도)는 辵(쉬엄쉬엄 갈 착)과 首(머리 수)가 합쳐진 회의문자입니다. 쉬엄쉬엄 걸으면서 머리를 향하는 곳이 바로 '길'이라는 뜻으로 풀이할 수 있는데요.

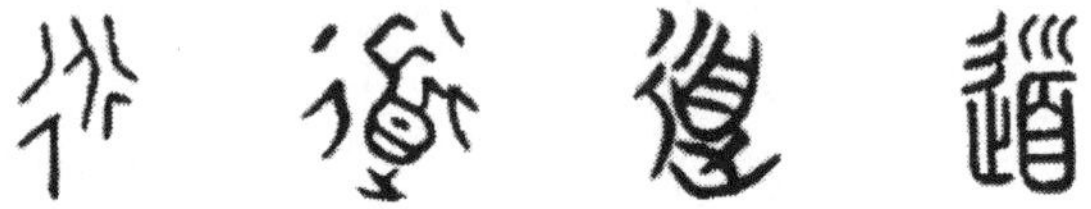

[갑골문] [금문] [전국문자] [소전체]

하지만 갑골문을 보면, 원래는 行(다닐 행)과 人(사람 인)이 합쳐진 것임을 알 수 있습니다. 人(사람 인)은 두 손을 공손히 모으고 허리를 굽혀서 상대방에게 예(禮)를 갖추는 존재라고 했

습니다. 따라서 道(길 도)는 일반적인 '길'이 아닌, 예의를 갖춘 사람이 마땅히 걸어야 하는 '길'이라는 의미를 지니죠. 더구나 동양 사상은 서양과 달리, 예로부터 지도자의 도리에 대해서만 다뤄왔습니다. 따라서 道(길 도)는 지도자가 마땅히 걸어야 하는 길 즉 리더십이 됩니다.

이제 道(길 도)와 관련하여 다음 구절을 살펴보겠습니다.

人道政爲大。

사람의 도는 정치를 큰 것으로 여깁니다.

-『예기』, 「애공문」

따라서 道(길 도)는 단순한 리더십이 아닌 정치인들이 따라야 할 정치 리더십이 됨을 알 수 있습니다.

그러다가 주나라 때 쓰인 금문에서부터, 다닐 행(行)과 止(그칠 지) 그리고 首(머리 수)로 바뀌었습니다. 行(다닐 행)과 止(그칠 지)는 가다 멈췄다 반복하면서 걷는다는 의미로, 후에 이 둘이 합쳐져서 辵(쉬엄쉬엄 갈 착)이 되었습니다. 그리고 首(머리 수)는 걸어가는 방향을 뜻하는데요. 여기서 首(머리 수)도 함께 살펴보겠습니다.

❺首(머리 수): 首(shǒu)

首(머리 수)는 머리 모양을 본뜬 상형 문자입니다.

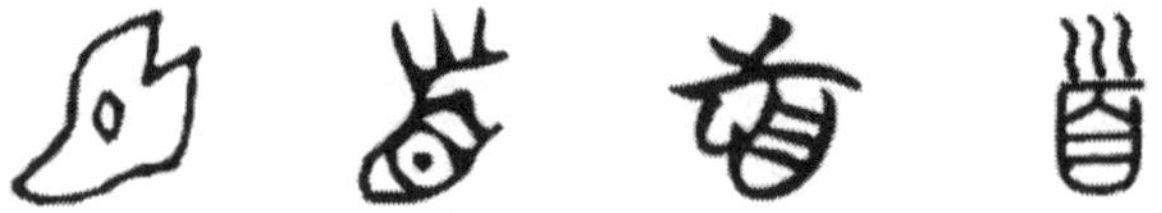

[갑골문] [금문] [초계간백] [소전체]

다만 사람 머리가 아닌 동물의 머리 형상을 묘사했죠. 갑골문은 개나 여우 머리를 닮은 반면, 금문의 경우에는 오히려 닭 같은 새 머리에 가깝습니다. 아마도 사람들이 주변에서 쉬이 접할 수 있는 동물 머리를 묘사한 것으로 추측할 수 있습니다.

❼面(낯 면): 面(miàn)

面(낯 면)은 사람 얼굴 중 눈(目)을 포함한 일부분의 모양(口)을 그대로 가져온 상형 문자입니다.

[갑골문] [전국문자] [소전체]

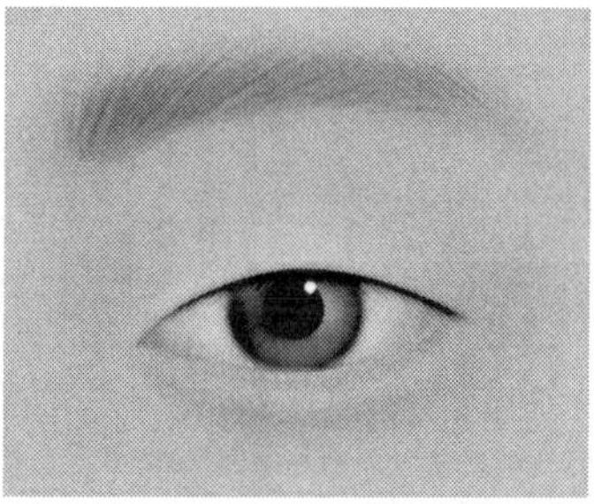

신체 중에서 눈과 그 주변 부위를 포함한 부분이 낯이라는 뜻이죠.

❼自(스스로 자): 自(zì)

自(스스로 자)는 사람의 코 모양을 그대로 가져온 상형 문자입니다.

[갑골문] [금문] [전국문자] [소전체]

따라서 본래는 코를 의미했죠. 하지만 사람들이 자기를 말할 때 종종 손가락으로 코를 가리켰으므로, 점차 '자기, 스스로'라는 뜻으로 전용되기 시작했습니다. 이에 코를 가리키는 鼻(코 비)가 따로 생겨났는데, 왜 鼻(코 비)에 自(스스로 자)가 붙었는지 이해할 수 있을 겁니다.

❼夏(여름 하): 夏(xià)

夏(여름 하)는 본래 사람이 무릎을 꿇고 고개를 들어서 머리 위에 있는 해(日)를 바라보는 모습을 묘사했습니다.

[갑골문] [금문] [초계간백] [진계간독] [소전체]

따라서 더운 계절인 여름이라는 뜻을 지닌 지사 문자가 되죠.

그런데 금문에서 그 모양이 파격적으로 바뀌기 시작합니다. 頁(머리 혈)과 두 손(臼) 그리고 사람의 발(止)이 뒤로 향한 모양의 夂(천천히 걸을 쇠)가 합쳐진 회의 문자로 변한 겁니다.

㊕頁(머리 혈): 页(yè)

頁(머리 혈)은 夏(여름 하)의 갑골문에서 日(날 일)을 제외한 모양입니다. 사람이 무릎을 꿇고 있는데, 머리를 유난히 크게 부각하여 강조하고 있죠.

[갑골문] [금문] [초계간백] [소전체]

따라서 首(머리 수)는 동물의 머리 모양을 묘사한 반면, 頁(머리 혈)은 사람의 머리를 묘사한 것임을 알 수 있습니다. 頁(머리 혈)은 번체자와 간체자의 모양이 다름에 유의해야 합니다.

다시 돌아와서 夏(여름 하)의 금문을 분석해볼까요? 이는 사람이 커다란 머리 모양의 탈(頁)을 두 손으로 잡고(臼) 천천히 걸으면서(夊) 춤추는 모습을 묘사했으므로, 그런 춤을 추는 전통을 지닌 나라가 바로 '하나라'라는 뜻을 나타냅니다.

[금문]

즉 夏(여름 하)는 1. 갑골문이 나타내는 '여름'과 2. 금문이 나타내는 '춤' 그리고 3. 그런 춤을 추는 나라인 '하나라'라는 세 가지 뜻을 지닙니다.

❼動(움직일 동): 动(dòng)

動(움직일 동)은 重(무거울 중)과 力(힘 력)이 합쳐져 만들어진 회의 문자입니다.

[갑골문] [금문] [초계간백] [소전체]

하지만 갑골문을 보면 行(다닐 행)과 止(그칠 지)가 합쳐진 辵(쉬엄쉬엄 갈 착)과, 사람이 짐을 지고 있는 모습의 重(무거울 중)이 합쳐진 회의 문자임을 알 수 있습니다. 사람이 짐을 지고 쉬엄쉬엄 가면 무거운 짐도 조금씩 움직이게 된다는 뜻인 거죠.

금문에서는 끝이 뾰족한 송곳(辛)으로 눈(目)을 찌르면 고통스러워서 발버둥 친다는 뜻이 辵(쉬엄쉬엄 갈 착)을 대신하다가, 진나라 소전체부터는 力(힘 력)으로 바뀌어서 무거운 사물에 힘을 가하면 움직인다는 의미로 쓰이게 되었습니다.

여기서 잠시 辛(매울 신)도 짚고 넘어갈까요?

❸辛(매울 신): 辛(xīn)

辛(매울 신)은 끝이 뾰족한 송곳 같은 도구의 모양을 그대로 가져왔습니다.

[갑골문] [금문] [초계간백] [진계간독] [소전체]

하지만 이런 송곳에 찔리면 매우 고통스럽다는 뜻을 지니므로 지사 문자가 되죠.

아울러서 앞서 소개한 動(움직일 동)은 번체자와 간체자의 모양이 다름에 유의해야 합니다.

- 18장 -

❽生(날 생)-❼不(아닐 불)

-❽靑(푸를 청)-❸丹(붉을 단)

-❼姓(성 성)-❺性(성품 성)-❼心(마음 심)

❽生(날 생): 生(shēng)

生(날 생)은 땅(一)과 풀(艸)을 표시한 지사 문자입니다.

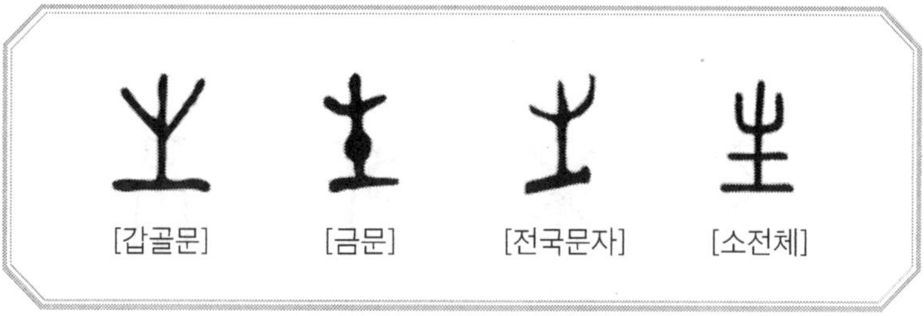

풀이 땅속에서 밖으로 향하니, 이것이 '나다'라는 뜻이라는 거죠.

❼不(아닐 불): 不(bù)

不(아닐 불)은 땅(一)과 그 밑에 있는 식물의 뿌리를 묘사했습니다.

[갑골문] [금문] [전국문자] [소전체]

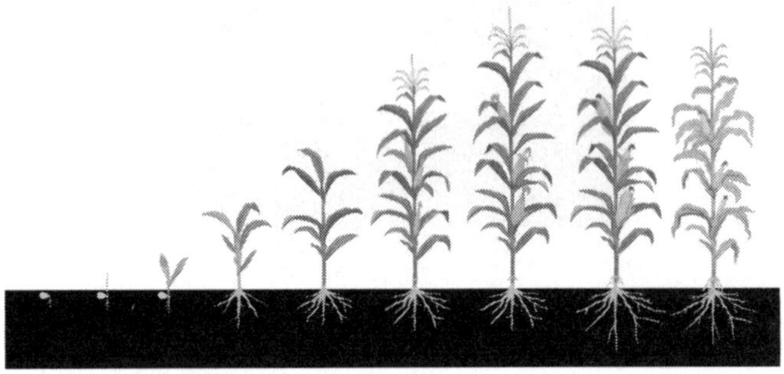

뿌리가 생겼지만, 아직 땅 위로 싹이 트지는 않았다는 뜻이죠. 따라서 不(아닐 불)은 지사 문자가 됩니다.

❽靑(푸를 청): 青(qīng)

靑(푸를 청)은 生(날 생)과 丹(붉을 단)이 합쳐져 만들어진 회의 문자인데, 이 문자는 번체자와 간체자의 모양에 약간의 차이가 있음에 유의해야 합니다.

[금문] [전국문자] [소전체]

불은 붉은색을 대표하고, 불을 지피는 것은 나무이며, 나무는 푸른색을 대표합니다. 즉 붉은색(丹)의 불을 나오게(生) 하는 것은 나무이고, 나무의 색은 바로 푸른색이라는 뜻이 되는 겁니다.

여기서 丹(붉을 단)도 함께 살펴볼까요?

❸丹(붉을 단): 丹(dān)

丹(붉을 단)은 광물을 캐는 광산 입구(井)와 그 안에 박힌 주사(、)의 모양을 묘사했습니다.

[갑골문] [금문] [전국문자] [소전체]

하지만 이 문자가 가리키는 것은 광물인 주사의 붉은색이므로, 상형 문자가 아닌 지사 문자가 되죠.

❼姓(성 성): 姓(xìng)

姓(성 성)은 女(여자 녀)와 生(날 생)이 합쳐진 회의 문자입니다.

[갑골문] [금문] [전국문자] [소전체]

태어날 때 낳아준 여성을 따라 성씨를 부여한다는 뜻이죠. 인류가 농경 사회로 진입하기 전까지는 여성의 성씨를 따랐습니다. 여성의 생명 잉태를 신성시했기 때문인데요. 그러다가 농업 중심의 구조에선 힘을 중시했으므로, 점차 모계 사회에서 부계 사회로 넘어가게 됩니다. 이때부터 남성의 성씨를 따르게 된 거죠.

❺性(성품 성): 性(xìng)

性(성품 성)은 心(마음 심)과 生(날 생)이 합쳐진 회의 문자입니다.

태어날 때 지니고 태어나는 마음이 '성품'이라는 뜻을 지녔죠. 특히 性(성품 성)은 갑골문과 금문에는 보이지 않으므로, 주나라 이후에 생겨났음을 알 수 있습니다.

이제 여기서 心(마음 심)을 살펴볼까요?

❼心(마음 심): 心(xīn)

心(마음 심)은 심장의 모양을 그대로 그려낸 상형 문자입니다.

[갑골문] [금문] [전국문자] [소전체]

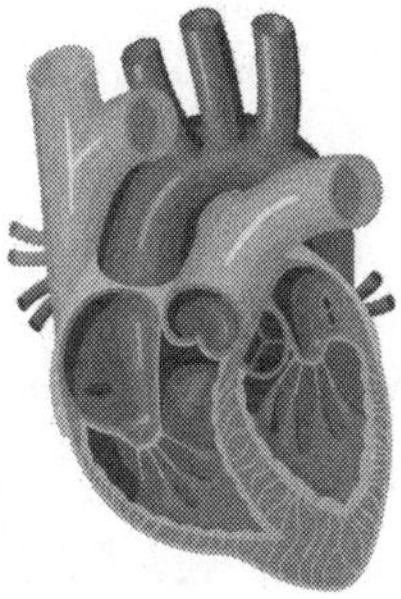

- 19장 -

❼入(들 입)-❼內(안 내)

-❼全(온전 전)-❽王(임금 왕)

❼入(들 입): 入(rù)

入(들 입)은 끝이 뾰족한 사물의 모양을 그대로 그려냈습니다.

모서리나 화살촉처럼 예리한 끝부분이 바깥에서 안으로 파고 들기 때문에, '들다'라는 뜻을 갖게 된 지사 문자입니다.

❼內(안 내): 內(nèi)

內(안 내)는 入(들 입)과 冂(건물)이 합쳐진 회의 문자입니다.

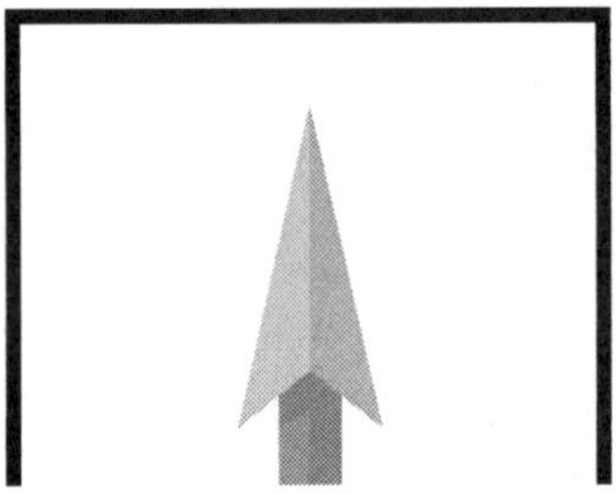

밖에서 건물(冂)로 파고들면(入), 그곳이 건물 '안'이라는 뜻이죠.

❼全(온전 전): 全(quán)

全(온전 전)은 入(들 입)과 工(장인 공)이 합쳐진 회의 문자입니다.

[초계간백] [진계간독] [소전체]

전문가인 장인(工)이 들어왔으니(入), 비로소 모두 갖춰진 '온전한' 상태가 되었다는 뜻이죠. 그리고 시간이 흐르면서 工(장인 공)은 점차 王(임금 왕) 모양으로 바뀌게 되었는데요. 임금이 들어서야 비로소 한 나라가 온전한 형태를 갖추게 된다는 겁니다.

❽王(임금 왕): 王(wáng)

王(임금 왕)은 커다란 칼이나 도끼의 모양을 그대로 가져왔습니다.

[갑골문] [금문] [소전체] [해서체]

그런데 이 문자는 칼이나 도끼를 지닌 존재가 '임금, 왕'이라는 뜻을 나타내므로 지사 문자가 되죠. 동서고금을 막론하고 무기를 든 지도자는 우두머리를 상징하니까요.

- 20장 -

❽四(넉 사)-❽八(여덟 팔)-❻分(나눌 분)

-❽小(작을 소)-❼少(적을 소)-❼平(평평할 평)

-❸于(어조사 우)-亏(어조사 우/이지러질 휴)

-❼市(저자 시)-❸乎(어조사 호)-❸兮(어조사 혜)

-❼歌(노래 가)-❺可(옳을 가)

-❶哥(노래 가)-❶欠(하품 흠)

❽四(넉 사): 四(sì)

四(넉 사)는 원래 一(한 일), 二(두 이), 三(석 삼)과 마찬가지로, 산(算)가지 네 개를 늘여 놓은 모습을 형상화한 상형 문자였습니다.

[갑골문] [금문] [소전체]

하지만 산 가지 네 개부터는 언뜻 보면 명확하지 않으므로, 점차 다른 방법을 찾기 시작했습니다. 그 결과 금문을 통해서 알 수 있듯이, 주나라 때부터는 사각형(口)을 나누면(八) 네 개가 된다는 뜻을 지닌 四(넉 사)로 쓰기 시작했습니다. 따라서 오늘날의 四(넉 사)는 회의 문자가 되죠.

❽八(여덟 팔): 八(bā)

八(여덟 팔)은 원래 하나를 둘로 나눈다는 뜻을 지녔습니다. 마치 나무젓가락을 둘로 떼는 것처럼 말이죠.

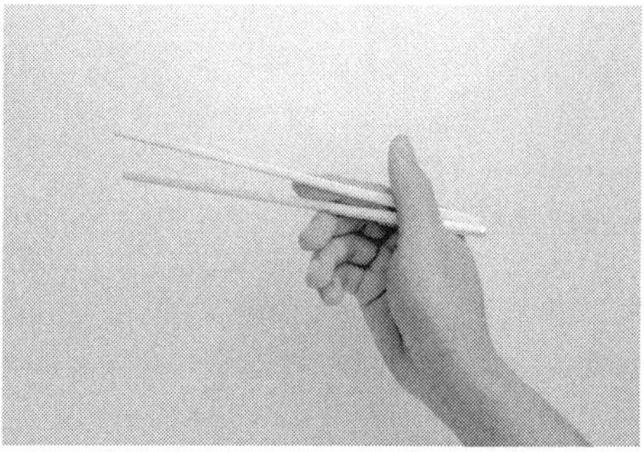

그러다가 四(넉 사)에서 사각형(口)을 한 번 더 나눠서(八) 사각형(口)이 없어지면, 넷에서 넷이 한 번 더 더해져서 '여덟'이 된다는 뜻으로 전용되었습니다. 덕분에 후에 分(나눌 분)이 '나누다'라는 뜻으로 쓰이게 되었죠.

여기서 잠시 分(나눌 분)에 대해서 살펴보겠습니다.

❻分(나눌 분): 分(fēn)

分(나눌 분)은 칼(刀)로 나눈다(八)는 뜻을 지닌 회의 문자입니다.

[갑골문] [금문] [초계간백] [진계간독] [소전체]

❽小(작을 소): 小(xiǎo)

小(작을 소)는 亅(가느다란 것)과 八(여덟 팔)이 합쳐진 회의문자입니다.

[갑골문] [금문] [초계간백] [소전체]

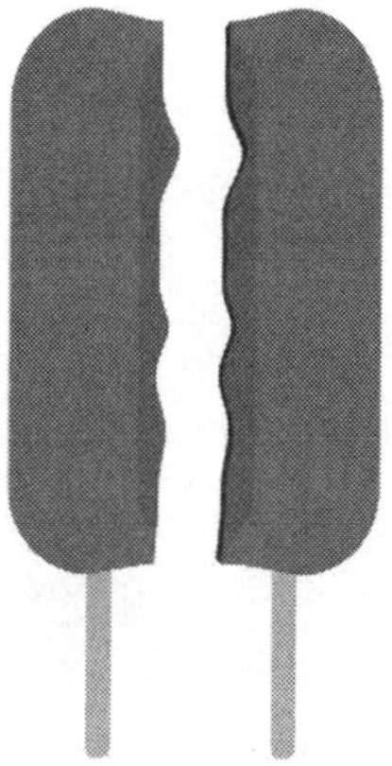

가느다란 것(亅)을 나누니(八) 작아진다는 뜻이죠.

❼少(적을 소): 少(shǎo)

少(적을 소)는 小(작을 소)와 丿(덜어내다)가 합쳐진 형성 문자입니다. 발음이 小(작을 소)에서 왔지만, 뜻도 일정 부분 제공하죠.

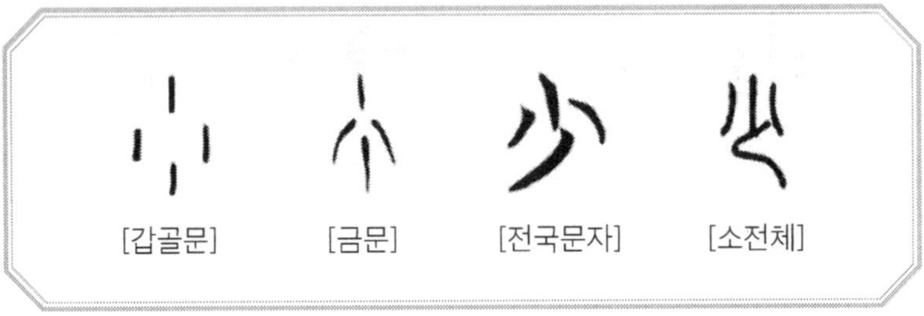

따라서 작은 것(小)에서 덜어내면(丿) 적어진다는 뜻을 담고 있습니다.

❼平(평평할 평): 平(píng)

平(평평할 평)은 八(나뉨)과 丅(관악기를 부느라 숨을 내쉼)이 합쳐진 회의 문자입니다.

그런데 平(평평할 평)의 뜻을 이해하기 위해선, 먼저 于(어조사 우)와 亐(어조사 우/이지러질 휴)를 살펴봐야 합니다.

❽于(어조사 우): 于(yú)

于(어조사 우)는 숨을 내쉬어(아래의 긴 'T' 모양) 피리 같은 관악기(위의 짧은 'ㅜ'모양)를 부는 걸 나타냈습니다.

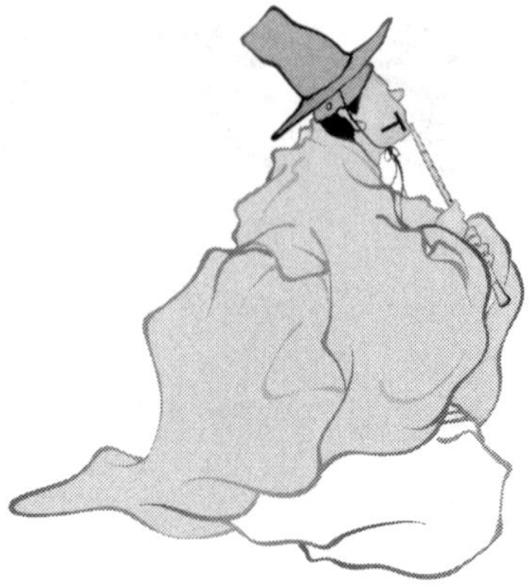

이처럼 입에서 숨을 내쉬는 것이 어조사(語助辭)라는 거죠. 따라서 이는 지사 문자가 됩니다.

亏(어조사 우/이지러질 휴): 亏(yú/kuī)

이 문자는 기본적으로 于(어조사 우)와 쓰임이 같습니다. 갑골문과 금문 그리고 소전체 모양도 똑같은데요. 다만 여기에 숨을 내쉬므로 폐 안의 공기가 빠져서 '줄다, 부족하다'라는 뜻까지 생겨났으므로, 전주 문자에 해당하기도 하죠.

이제 다시 돌아와서 平(평평할 평)을 살펴보겠습니다.

平(평평할 평)은 八(나뉨)과 干(관악기를 부느라 숨을 내쉼)이 합쳐진 회의 문자라고 했습니다.

[갑골문] [금문] [초계간백] [소전체]

그러므로 피리 같은 관악기(丅)를 부느라고 숨을 내쉬는데(T), 입에서 나온 숨이 한쪽으로 쏠리면 너무 크고 강한 소리가 나오지만, 이제 그 숨이 나뉘어 퍼지므로(八) 악기 소리가 고르고 평평하여 안정된다는 뜻이죠.

❼市(저자 시): 市(shi)

市(저자 시)는 之(갈 지)와 兮(어조사 혜)가 합쳐진 회의 문자입니다.

[갑골문] [금문] [초계간백] [진계간독] [소전체]

그런데 市(저자 시)의 뜻을 이해하기 위해선, 먼저 乎(어조사 호)와 兮(어조사 혜)를 살펴봐야 합니다.

❸乎(어조사 호): 乎(hū)

乎(어조사 호)는 숨을 내쉬어(아래의 긴 'T' 모양) 그 소리가 크게 퍼지는(,,,) 것을 묘사한 지사 문자입니다.

[갑골문] [금문] [소전체]

그래서 乎(어조사 호)는 주로 물을 때 쓰입니다. 따라서 乎(어조사 호)는 평서형보다 억양이 더 크고 높으며, 문장 맨 마지막에 놓여서 주로 "~은(는)가?"라고 해석됩니다. 그러므로 선을 세 개(lll) 그어서 그 소리가 보다 크다는 걸 표시했죠.

❸兮(어조사 혜): 兮(xī)

반면에 兮(어조사 혜)는 乎(어조사 호)와 달리, 숨을 내쉬어(아래의 긴 'T' 모양) 그 소리가 평범하게 퍼지는(,,) 것을 묘사한 지사 문자입니다.

[갑골문] [금문] [소전체]

그래서 兮(어조사 혜)는 주로 평서형으로 쓰입니다. 따라서 乎(어조사 호)보다 억양이 더 작고 낮으며, 문장 맨 마지막에 놓여서 주로 "~이로다, ~구나."라고 해석됩니다. 그러므로 이처럼 선을 두 개(ll) 그어서 그 소리가 평범하다는 걸 표시했죠.

다시 돌아와서, 市(저자 시)는 之(갈 지)와 兮(어조사 혜)가 합쳐진 회의 문자라고 했습니다.

[갑골문] [금문] [초계간백] [진계간독] [소전체]

따라서 市(저자 시)는 소리가 나는 곳(兮)으로 발걸음을 옮기니(之), 그곳이 바로 사람들이 많이 모여 북적이는 시장이라는 뜻을 지니죠.

❼歌(노래 가): 歌(gē)

歌(노래 가)는 원래 言(말씀 언)에서 뜻이 오고 可(옳을 가)에서 소리가 온 형성 문자입니다.

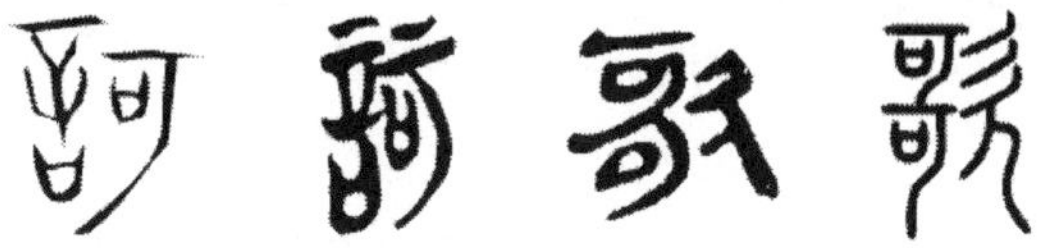

[금문] [초계간백] [진계간독] [소전체]

그런데 哥(노래 가) 역시 금문의 형태가 歌(노래 가)와 같다는 걸 알 수 있습니다.

[금문] [초계간백] [진계간독] [소전체]

즉 哥(노래 가)가 원래 '노래(하다)'라는 뜻을 지녔는데, 후에 歌(노래 가)가 그 뜻을 대체하면서 哥(노래 가)는 다른 뜻으로 전용된 거죠.

이제 歌(노래 가)와 哥(노래 가)의 뜻을 이해하기 위해서, 可(옳을 가)에 대해서 알아보겠습니다.

❺可(옳을 가): 可(kě)

可(옳을 가)는 口(입 구)와 T(숨을 내쉼)이 합쳐진 회의 문자입니다.

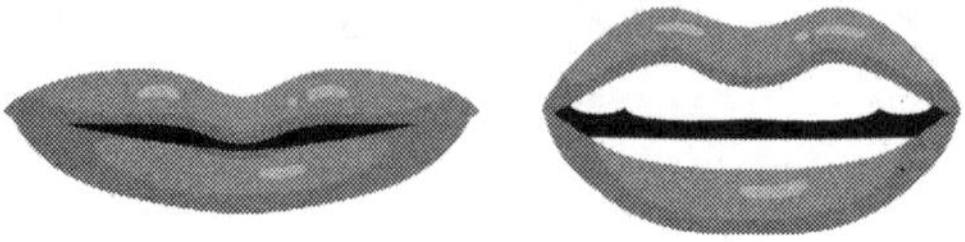

굳게 다물고 있던 입(口)을 열어서 숨을 내쉬는(T) 건, 상대방의 말을 들어주어 허락한다는 뜻이 되죠.

❶哥(노래 가): 哥(gē)

따라서 哥(노래 가) 역시 원래는 言(말씀 언)에서 뜻이 오고 可(옳을 가)에서 소리가 온 형성 문자입니다.

[금문] [초계간백] [진계간독] [소전체]

숨을 내쉬듯(丅) 말하는(言) 게 바로 '노래(하다)'라는 뜻이 된다는 겁니다. 그러다가 可(옳을 가)를 두 번 쓰는 형태로 바뀌면서, 두 번(또는 여러 번) 다물고 있던 입(口)을 열어서 숨을 내쉬는(丅) 건 '노래(하다)'라는 뜻을 지닌 회의 문자가 되었습니다.

그리고 후에 哥(노래 가)에 欠(하품 흠)이 합쳐진 歌(노래 가)가 '노래(하다)'라는 뜻으로 전용되면서, 哥(노래 가)는 哥(성씨 가)로 쓰이고 나아가 현대 중국어에서는 '형, 오빠'라는 뜻을 지니게 되었습니다.

이제 歌(노래 가)의 欠(하품 흠)도 살펴보죠.

❶欠(하품 흠): 欠(qiàn)

欠(하품 흠)은 사람(人)이 입을 벌린(⊃) 모습을 묘사했습니다.

[갑골문] [소전체]

사람이 입을 벌리고 있는 건 바로 하품을 한다는 뜻이 되므로 지사 문자가 되죠. 나아가 하품을 하면 몸 안의 공기가 빠져나가므로, '부족하다', '결함, 빚'이라는 뜻까지 확대되므로 전주 문자가 되기도 합니다.

- 21장 -

❽六(여섯 륙/육)-❼安(편안 안)

-❼字(글자 자)-❼子(아들 자)

-❼育(기를 육)-❼家(집 가)-豕(돼지 시)

-❽室(집 실)-❹至(이를 지)

❽六(여섯 륙/육): 六(liù)

六(여섯 륙/육)은 움막의 틀이 되는 기둥을 그려낸 상형 문자입니다.

[갑골문] [금문] [초계간백] [진계간독] [소전체]

사방의 벽을 만들기 위해 필요한 네 개의 기둥과, 지붕을 만들 때 필요한 두 개의 기둥을 묘사한 거죠. 따라서 움막을 만드는 데 필요한 기둥은 모두 6개이므로, '여섯'이라는 의미가 된 겁니다.

❼安(편안 안): 安(ān)

安(편안 안)은 지붕 모양을 가져와 건물을 상징하는 宀(갓머리)와 女(여자 녀)가 합쳐진 회의 문자입니다.

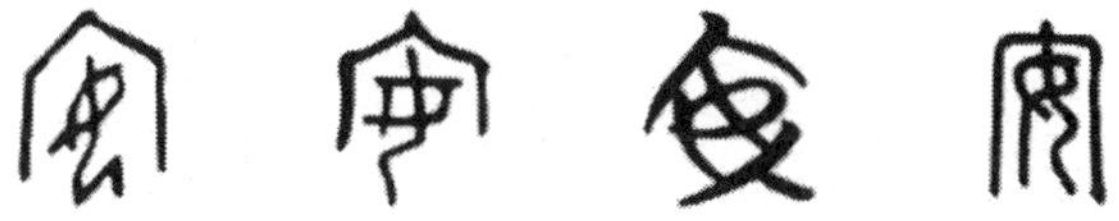

[갑골문] [금문] [전국문자] [소전체]

여자가 집 안에 있으니, 그만큼 안전하고도 편안하다는 뜻을 지니죠.

❼字(글자 자): 字(zì)

字(글자 자)는 건물을 상징하는 宀(갓머리)와 子(아들 자)가 합쳐진 형성 문자입니다.

[금문]　[전국문자]　[소전체]

子(아들 자)에서 소리가 왔지만, 뜻도 역시 제공하고 있죠. 그래서 字(글자 자)는 집 안에 있는 자식과 관련된 뜻을 가지게 됩니다. 즉 집 안에 아이가 있으려면 1. 남녀가 서로 사랑하다가 2. 결혼을 해야 하고 3. 그렇게 아이를 낳으면 4. 양육해야 하죠. 여기까지가 字(글자 자)가 원래 지니던 의미입니다.

아이가 집 안에서 자라면서 점차 성장하여 어른이 되면, 성년식인 관례(冠禮)를 치르며 사회에서 불릴 새로운 이름인 5. 자(字)를 짓게 됩니다. 앞서 소개한 名(이름 명)은 어렸을 때 집안에서 가족들이 불렀던 호칭인 반면, 字(글자 자)는 사회에서 통용되는 호칭이 되죠. 오늘날에는 이 둘을 나누지 않으므로, 현대 중국어에서는 '이름'을 이 두 글자를 합친 名字(míng · zi)라고 표현합니다. 이와 관련하여 여기서 잠시 음양학에 대해서 소개하겠습니다.

예로부터 인류는 자연을 경외했습니다. 그러다가 한 가지 공통점을 발견하게 되는데요.

그런 바로 세상은 모두 음(陰)과 양(陽)이 조화를 이루고 있다는 점이었습니다. 뜨거운 태양이 있으면 차가운 달이 있고, 밝음이 있으면 어둠이 함께 존재하며, 우뚝 솟은 산이 있으면 움푹 들어간 계곡도 있고, 남성이 있으면 여성도 반드시 함께 존재하죠. 따라서 중국인들은 예로부터 짝수를 선호했습니다. 그리고 그 결과 이러한 가치관은 언어에까지 영향을 미쳐서, 원칙적으로 중국어 단어는 짝수로 이뤄지게 된 겁니다.

그리고 마지막으로 字(글자 자)는 이처럼 원래 지니던 의미에서 점차 다양한 뜻으로 확대되므로, 마치 갓난아이가 집안에서 성장해서 성인이 되듯 6. 뜻도 점점 다양해지는 '문자, 글자'라는 뜻까지도 가지게 된 겁니다. 그러므로 字(글자 자)는 전주문자가 되기도 하죠.

❼子(아들 자): 子(zǐ)

子(아들 자)는 갓난아이가 두 팔을 벌리고 누워있는 모습을 그대로 가져온 상형 문자입니다.

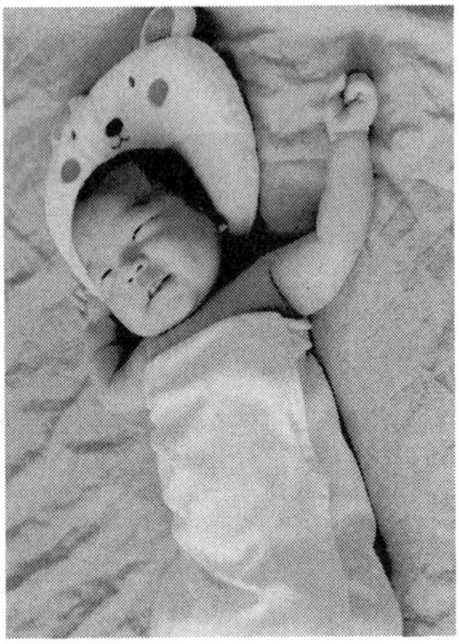

두 팔을 벌리고 누워있는 어린 갓난아이가 아들이나 딸과 같은 자식이라는 뜻이죠.

❼育(기를 육): 育(yù)

育(기를 육)은 원래 女(여자 녀)와 子(아들 자)가 합쳐진 회의문자입니다.

[갑골문] [금문] [전국문자]

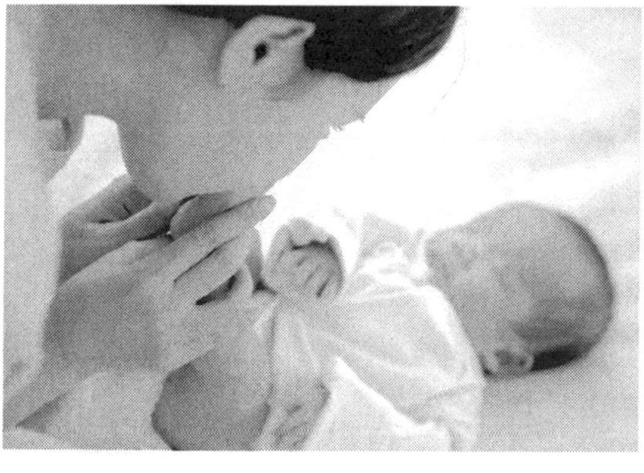

여자(女)가 자식(子)을 낳았으니, 잘 길러야 한다는 뜻을 지닙니다. 특히 금문을 보면 아이(子)의 머리가 아래로 향하고 주변에 혈흔(,,,,,)이 있으므로, 이는 방금 태어난 아기를 의미하죠. 그러다가 훗날 女(여자 녀)가 月(고기 육)으로 바뀌게 됩니다.

❼家(집 가): 家(jiā)

家(집 가)는 건물을 상징하는 宀(갓머리)와 豖(돼지 시)가 합쳐진 형성 문자입니다.

[갑골문] [금문] [초계간백] [진계간독] [소전체]

돼지가 머무는 우리라는 뜻이죠. 그러다가 후에 점차 사람이 사는 집이라는 뜻으로 바뀌게 됩니다. 여기서 豕(돼지 시)도 짚고 넘어갈까요?

㊕豕(돼지 시): 豕(shǐ)

豕(돼지 시)는 돼지의 모습을 그대로 그려낸 상형 문자입니다.

[갑골문] [금문] [소전체]

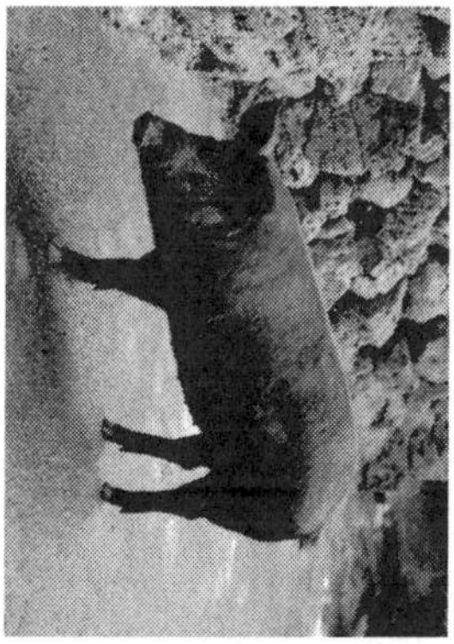

다만 머리를 위쪽으로, 그리고 꼬리를 아래쪽으로 하여 묘사했습니다.

❽室(집 실): 室(shi)

室(집 실)은 건물을 상징하는 宀(갓머리)와 至(이를 지)가 합쳐진 회의 문자입니다.

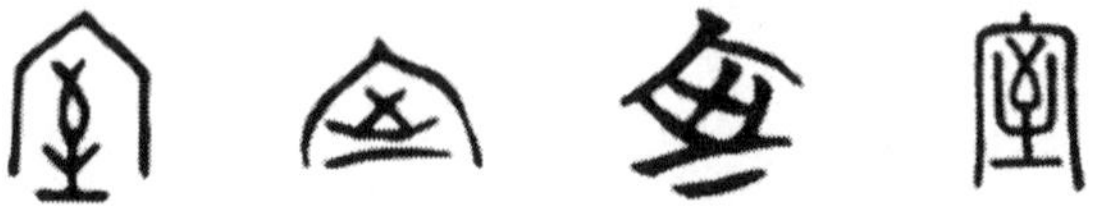

[갑골문] [금문] [전국문자] [소전체]

최종적으로 도달하는 건물이 바로 집이라는 뜻이죠.

여기서 至(이를 지)도 함께 살펴보겠습니다.

❹至(이를 지): 至(zhì)

至(이를 지)는 화살이 땅에 박힌 모습을 묘사했습니다.

[갑골문] [금문] [전국문자] [소전체]

화살이 날다가 마지막으로 땅에 떨어졌으니, '이르다, 도달하다'라는 뜻이 됩니다. 따라서 至(이를 지)는 지사 문자가 되죠.

- 22장 -

❼主(주인 주)- ❼住(살 주)

❼主(주인 주): 主(zhǔ)

主(주인 주)는 횃불이나 촛불의 모습을 그대로 묘사했습니다.

[갑골문] [소전체]

서양 신화에서 프로메테우스는 인류에게 불을 줬단 이유로 벌을 받았고, 동양 역시 며느리가 부엌의 불씨를 꺼뜨리면 소박맞아 집에서 쫓겨났습니다. 이처럼 예로부터 불은 매우 귀한 대접을 받아서 아무나 불을 관리하지 못했으므로, 불을 지니고 그 불이 꺼지지 않도록 관리하는 자가 바로 주인이었습니다. 따라서 主(주인 주)는 불을 묘사했지만, 주인이라는 뜻을 지니므로 지사 문자가 되죠.

❼住(살 주): 住(zhù)

住(살 주)는 人(사람 인)에서 뜻이 오고 主(주인 주)에서 발음이 온, 합쳐진 형성 문자입니다.

[소전체]

하지만 主(주인 주)는 뜻도 일정 부분 제공하죠. 따라서 住(살 주)는 사람이 주인이 된다는 건 그곳에 머물면서 산다는 뜻이 됩니다.

- 23장 -

❽門(문 문)-❼間(사이 간)-❼問(물을 문)

❽門(문 문): 门(mén)

門(문 문)은 좌우에 달린 미닫이문 모양을 그대로 가져온 상형 문자입니다.

[갑골문] [금문] [전국문자] [소전체]

門(문 문)은 번체자와 간체자의 모양에 다소 차이가 있음에 유의해야 합니다.

❼間(사이 간): 间(jiān)

間(사이 간)은 門(문 문)과 月(달 월)이 합쳐진 회의 문자입니다.

[금문] [전국문자] [소전체]

문과 문 사이로 달빛이 비치니, 이것이 '틈, 사이'라는 뜻이죠. 원래는 門(문 문) 가운데에는 月(달 월)이 있었으나, 후대에 日(날 일)로 바뀌었습니다. 또한 間(사이 간) 역시 번체자와 간체자의 모양에 다소 차이가 있음에 유의해야 합니다.

❼問(물을 문): 问(wèn)

問(물을 문)은 門(문 문)과 口(입 구)가 합쳐진 형성 문자입니다. 뜻은 口(입 구)에서 나왔으므로 말하는 것과 관련이 있고, 소리는 門(문 문)에서 나왔지만 일정 부분 뜻도 제공하고 있죠.

[갑골문]　[전국문자]　[소전체]

즉 問(물을 문)은 밖에 있는 사람이 남의 집 문 앞에서 "계십니까?"라고 말하는 것을 의미하므로, 첫 번째 '방문하다'라는 뜻을 지닙니다. 그리고 그건 묻는 행위이므로, 두 번째는 '묻다'라는 의미로까지 파생된 전주 문자이기도 하죠. 물론 問(물을 문)도 번체자와 간체자의 모양이 다릅니다.

- 24장 -

❽中(가운데 중)-❼旗(기 기)

-❸斤(도끼 근)-❼所(바 소)-❹戶(집 호)

-❷其(그 기)-❷箕(키 기)-❼算(셈 산)

-❽韓(나라 이름 한)-倝(햇빛이 빛나는 모양 간)

-❷韋(가죽 위)

❽中(가운데 중): 中(zhōng)

中(가운데 중)은 깃대 양 끝에서 나부끼는 깃발 사이의 가운데를 표시한 지사 문자입니다.

[갑골문] [금문] [전국문자] [소전체]

위와 아래에서 펄럭이는 깃발 사이에 있으니, 그곳이 바로 '가운데'라는 뜻을 지니죠.

❼旗(기 기): 旗(qí)

旗(기 기)는 㫃(나부낄 언)과 其(그 기)가 합쳐진 형성 문자입니다. 그런데 갑골문과 금문을 보면, 최초의 형태는 오늘날과 사뭇 다르다는 걸 눈치챌 수 있습니다.

[갑골문] [금문] [소전체]

갑골문에서는 㫃(나부낄 언)으로 표시했으므로, 원래는 상형 문자가 됩니다. 그러다가 금문에서는 斤(도끼 근)이 추가되었죠.

즉 㫃(나부낄 언)은 깃대에 걸린 깃발이 나부끼고 있는 모습을 그대로 묘사했으므로 뜻을 제공하는 반면, 깃발이 펄럭이면서 나는 소리를 斤(도끼 근)으로 나타냈으니, 이는 형성 문자임을 알 수 있습니다. 아마도 옛사람들은 깃발이 나부끼면서 나는 소리가 도끼질하는 소리와 비슷하다고 생각한 것 같습니다. 그러다가 후에 斤(도끼 근)이 其(그 기)로 바뀐 거죠.

이제 여기서 斤(도끼 근)과 其(그 기)도 함께 살펴보겠습니다. 먼저 斤(도끼 근)부터 알아보죠.

❸斤(도끼 근): 斤(jīn)

斤(도끼 근)은 도끼의 모양을 그대로 가져온 상형 문자입니다.

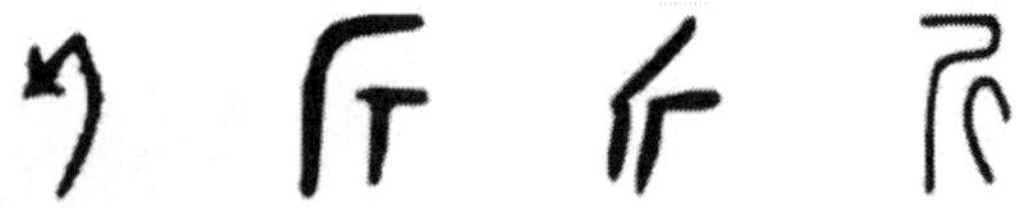

[갑골문] [금문] [전국문자] [소전체]

갑골문은 왼쪽으로 향한 도끼날을 도드라지게 묘사했지만, 금문은 도끼날을 생략하고 오른쪽으로 향한 손잡이를 강조해서 묘사했습니다.

❼所(바 소): 所(suǒ)

所(바 소)는 斤(도끼 근)에서 뜻이 오고 户(집 호)에서 소리를 딴 형성 문자입니다.

[금문] [소전체]

도끼질(斤)을 하면 户(집 호)와 비슷한 소리가 나므로, 所(바 소)는 도끼질할 때 나는 소리인 '소소'를 나타내는 음성어로 쓰였습니다. 그러다가 이 문자는 집 부근에서 도끼질을 한다는 의미도 있으므로, 후에 도끼질을 하는 '장소'나 도끼질을 '하는 바'라는 뜻으로 전용되었습니다.

❹戶(집 호): 户(hù)

户(집 호)는 집의 문 한쪽 모양을 그대로 가져온 상형 문자입니다.

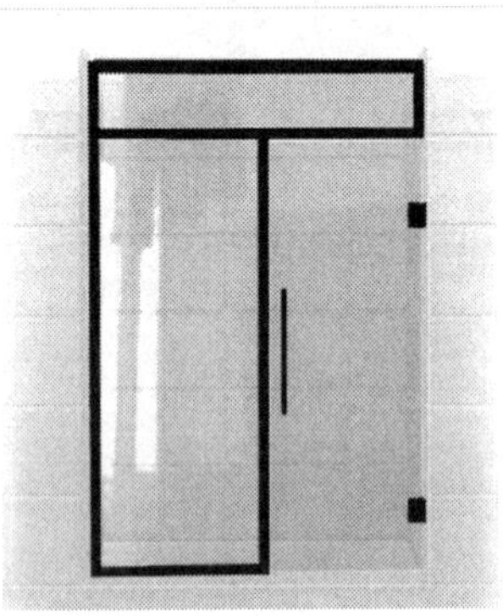

따라서 '문' 또는 문이 있는 '집'이라는 뜻을 지니죠. 户(집 호)는 번체자와 간체자 위의 점 위치가 약간 다름에 유의해야 합니다.

이어서 其(그 기)에 대해서 알아보겠습니다.

❷其(그 기): 其(qí)

其(그 기)는 곡식에 섞인 불순물을 제거하는 도구 '키'의 모양을 그대로 묘사한 상형 문자입니다.

[갑골문] [금문] [전국문자] [소전체]

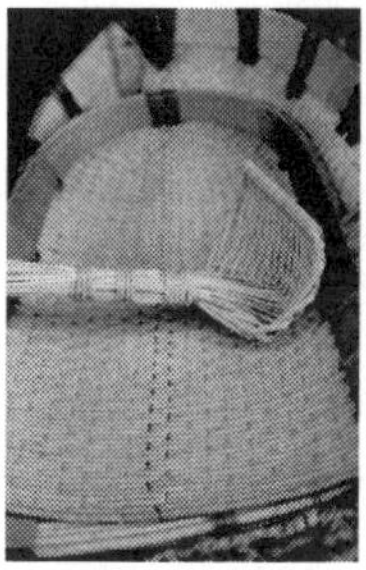

그러다가 점차 가리켜 부르는 지시대명사인 '그'라는 뜻으로 전용되었습니다. 그리고 '키'는 대나무로 엮어서 만든 도구이므로, 후에 竹(대나무 죽)을 붙인 箕(키 기)를 새로 만들어서 쓰게 되었죠.

❷箕(키 기): 箕(jī)

그래서 箕(키 기)는 갑골문과 금문이 其(그 기)와 같습니다.

❼算(셈 산): 算(suàn)

算(셈 산)은 대나무(竹)로 만든 산가지 통(目)을 두 손으로 들고 있는 모습을 묘사했습니다.

[초계간백] [소전체]

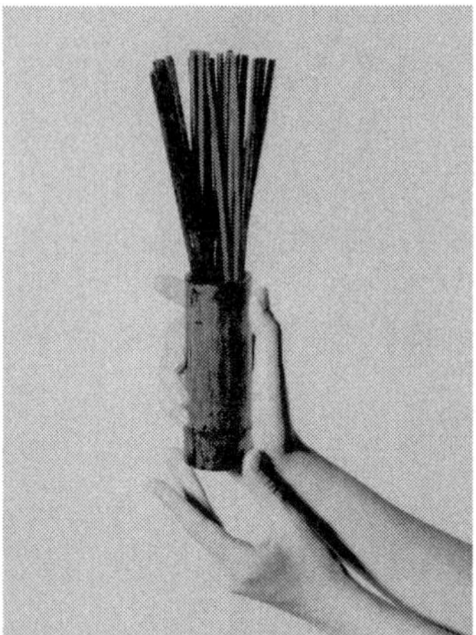

대나무(竹)로 만든 산가지 통을 두 손으로 들고 있는 것은 바로 셈을 하기 위해서라는 거죠. 따라서 算(셈 산)은 지사 문자가 됩니다.

❽韓(나라 이름 한): 韩(hán)

韓(나라 이름 한)은 倝(햇빛이 빛나는 모양 간)에서 발음이 오고, 韋(가죽 위)에서 뜻이 온 형성 문자입니다.

[금문] [소전체]

그런데 韓(나라 이름 한)의 금문은 倝(햇빛이 빛나는 모양 간)과 모양이 일치합니다.

따라서 오늘날의 韓(나라 이름 한) 형태는 주나라 이후에나 생겨났음을 알 수 있는데요.

韓(나라 이름 한)의 최초 형태인 倝(햇빛이 빛나는 모양 간)

은 태양이 식물 위로 뜬 早(이를 조)와 깃발이 나부끼듯 햇빛이 위아래로 빛난다는 㫃(나부낄 언)이 합쳐졌습니다. 따라서 韓(나라 이름 한)의 뜻을 제대로 이해하려면, 韋(가죽 위)도 함께 살펴봐야 하죠.

❷韋(가죽 위): 韦(wéi)

韋(가죽 위)는 口(사방)과 舛(어그러질 천)이 합쳐진 회의 문자입니다.

나라의 사방(口)을 좌우의 어그러진 발자국(舛)이 에워싼 지역이라는 뜻인데요. 그런데 韋(가죽 위)는 날가죽이 아닌 다룸가죽, 즉 잘 매만져서 부드럽게 만든 가죽을 뜻합니다. 다룸가죽은 두 발로 움직이면서 계속 밟아줘야 하죠. 따라서 韋(가죽 위)는 에워싼다는 뜻에서 다룸가죽이라는 뜻으로 확장되었고, 나아가 부드럽다는 뜻까지 가지게 되었으므로 전주 문자이기도 합니다.

이제 이와 관련하여 전국(戰國) 시대 지도를 보겠습니다. 전국 시대는 진나라가 통일하기 전, 7개의 나라가 서로 치열하게 싸우던 시기를 뜻합니다.

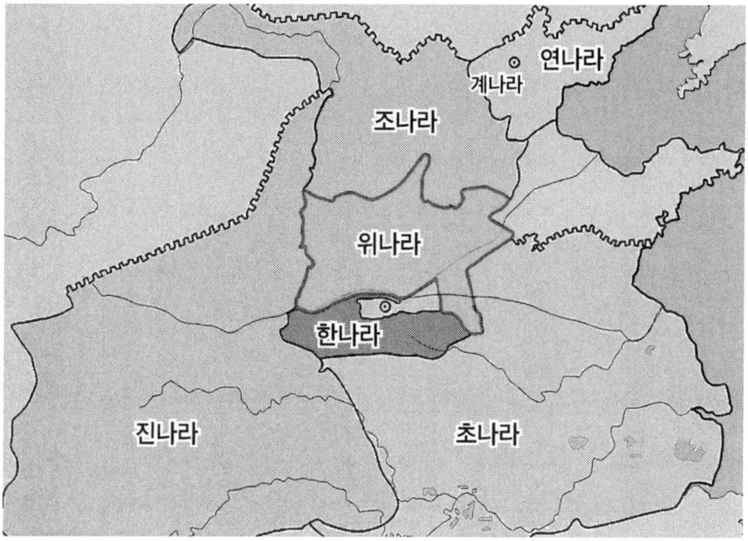

韓(한)나라는 바로 전국 시대 7개 나라 중 하나를 뜻하는데, 지도에서 보는 것처럼 사방(口)이 다른 나라에 둘러싸여서 수많은 병사들의 어그러진 발자국(舛)에 에워싸였습니다.

그러므로 韓(나라 이름 한)은 다름 아닌 중국 전국 시대의 한나라를 일컫는 것이므로, 우리 대한민국의 '한'과는 아무런 상관이 없습니다. 왜냐면 '한'은 '크다'는 의미를 지닌 순한글이기 때문이죠. 그러다가 중국인들이 우리 한민족의 '한'을 중국 한자로 표기하는 과정에서 韓(나라 이름 한)을 빌려서 붙이게 된 겁니다.

아울러서 韓(나라 이름 한)은 번체자와 간체자의 모양이 다름에 유의해야 합니다.

- 25장 -

❼冬(겨울 동)-❼紙(종이 지)

-❹絲(실 사)-❹氏(성 씨)

⑦冬(겨울 동): 冬(dōng)

冬(겨울 동)은 원래 양쪽 끝을 매듭지은 실의 모양을 그대로 가져왔습니다. 그래서 갑골문과 금문의 모양은 거의 같죠.

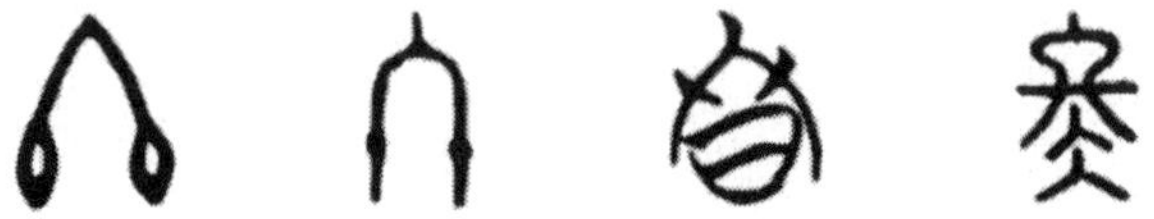

[갑골문] [금문] [전국문자] [소전체]

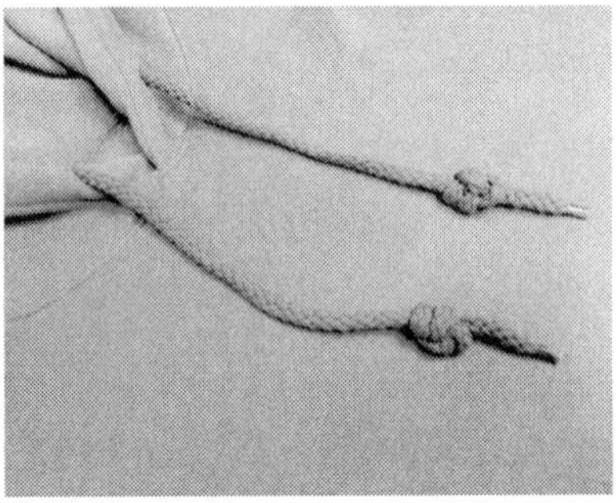

실의 양쪽 끝을 매듭지은 건 끝났다는 뜻이고 한 해를 마무리하는 계절은 겨울이므로, 이처럼 매듭지어진 실의 모양을 가져와 한 해가 끝나는 계절인 겨울이라는 의미로 쓴 겁니다. 즉 冬(겨울 동)은 지사 문자가 되는데, 훗날 진나라에 이르러 여기에 겨울을 상징하는 얼음의 빗살무늬 결정체 모양인 仌(얼음 빙)을 추가하게 되었습니다.

❼紙(종이 지): 纸(zhǐ)

紙(종이 지)는 絲(실 사)에서 뜻이 오고 氏(성 씨)에서 발음을 가져온 형성 문자입니다.

[전국문자] [소전체]

따라서 絲(실 사)와 氏(성 씨)를 설명해야 하는데, 먼저 絲(실 사)부터 살펴보죠.

❹絲(실 사): 丝(sī)

絲(실 사)는 실을 꼰 모양을 그대로 가져온 상형 문자입니다.

[갑골문] [금문] [전국문자] [소전체]

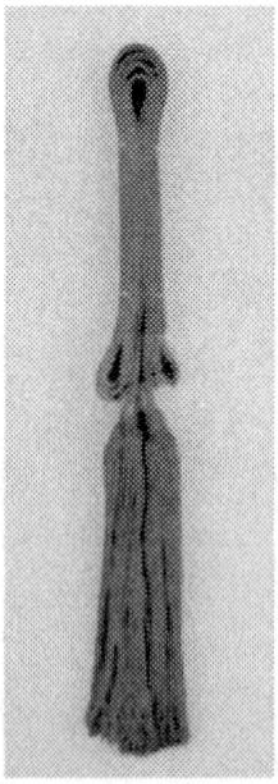

絲(실 사)는 번체자와 간체자의 모양이 약간 다름에 유의해야 합니다.

❹氏(성 씨): 氏(shi)

氏(성 씨)는 식물의 뿌리 모양을 그대로 가져왔습니다.

원뿌리에서 시작해서 곁뿌리로 퍼지듯, 사람의 성씨 역시 이처럼 널리 퍼져 나간다는 뜻을 지녔죠. 따라서 氏(성 씨)는 지사문자가 됩니다.

이처럼 紙(종이 지)는 원뿌리에서 시작해서 곁뿌리로 퍼지는 식물의 뿌리처럼, 실로 촘촘하게 짠 천이라는 뜻을 지녔습니다. 氏(성 씨)는 발음을 제공하지만, 뿌리처럼 촘촘하다는 뜻도 제공하고 있죠.

[전국문자] [소전체]

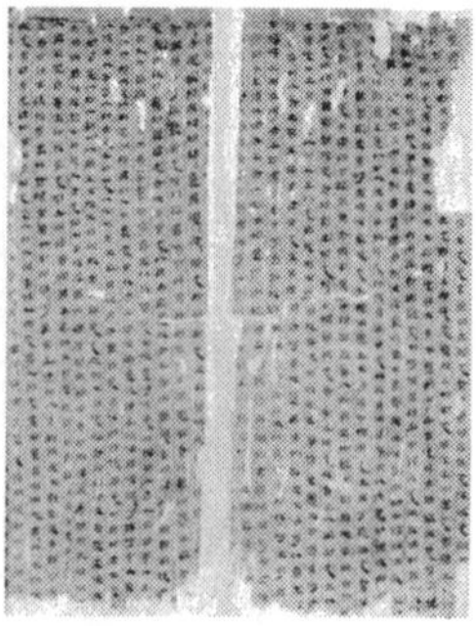

오늘날 우리가 쓰고 있는 종이는 진나라 다음 왕조인 한나라 때 발명되었습니다. 따라서 종이가 발명되기 전에는 실을 짜서 만든 천에다 글씨를 썼죠. 이렇게 천에다 글씨를 써서 만든 책이 바로 帛書(백서)인데요. 帛(비단 백)은 하얀 비단을 뜻하므로, 백서는 하얀 빛깔의 천을 종이로 삼아서 글을 쓴 책을 의미합니다. 현대어로 굳이 풀이하면 그냥 '책'이죠.

- 26장 -

❼老(늙을 로)-❹毛(털 모)-❼手(손 수)

-❺化(될 화)-❼孝(효도 효)

-❼花(꽃 화)-❹華(빛날 화)

❼老(늙을 로): 老(lǎo)

老(늙을 로)는 毛(털 모)와 化(될 화)가 합쳐진 회의 문자입니다.

[갑골문] [금문] [소전체]

따라서 老(늙을 로)를 이해하기 위해서, 우선 毛(털 모)와 化(될 화)를 알아봐야겠죠. 먼저 毛(털 모)부터 살펴보겠습니다.

❹毛(털 모): 毛(máo)

毛(털 모)는 털의 모양을 그대로 가져온 상형 문자입니다.

[갑골문] [금문] [초계간백] [소전체]

여기서 모양이 비슷한 手(손 수)도 함께 살펴볼까요?

❼手(손 수): 手(shǒu)

手(손 수)는 다섯 손가락을 쫙 편 손의 모양을 그대로 그려낸 상형 문자입니다.

[갑골문] [금문] [초계간백] [소전체]

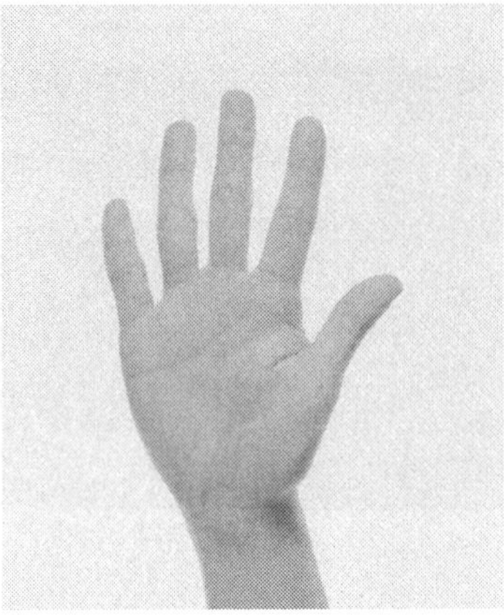

扌

그런데 手(손 수)가 왼쪽에 놓여 방(旁)으로 쓰인 경우에는, 위의 맨 오른쪽 그림과 같이 모양이 변함에 유의해야 합니다.

❹化(될 화): 化(huà)

化(될 화)는 人(사람 인)과 匕(사람이 거꾸로 뒤집힘)이 합쳐진 회의 문자입니다.

[갑골문] [금문] [전국문자] [소전체]

사람(人)이 뒤집혔으니, 원래 모양에서 변했다는 뜻이 됩니다. 그래서 化(될 화)가 붙은 단어는 모두 원래의 상태에서 바뀌었다는 뜻을 지니는데요. 대표적인 단어로 化學(화학)이 있죠. 老(늙을 로)에 보이는 匕(될 화)는 人(사람 인)이 빠진 형태인데, 뜻은 化(될 화)와 같습니다.

따라서 老(늙을 로)는 기본적으로 털(毛)에 변화가 생겼다(化)는 걸 나타내는데요.

[갑골문] [금문] [소전체]

좀 더 구체적으로 얘기해서, 털(毛)이 하얗게 센(化) 것이 늙은(老) 것이라는 의미를 지닙니다.

❼孝(효도 효): 孝(xiào)

孝(효도 효)는 老(늙을 로)와 子(아들 자)가 합쳐진 회의 문자입니다.

[갑골문] [금문] [초계간백] [소전체]

나이 든 부모(老)를 자식(子)이 업은 것이 효도라는 뜻이죠.

⑦花(꽃 화): 花(huā)

花(꽃 화)의 최초 형태인 금문은 꽃의 형태를 그대로 따온 상형 문자입니다.

[금문] [전국문자] [소전체]

그러다가 전국 시대에서 식물이란 뜻을 더 분명히 하기 위해서 艸(풀 초)를 붙이기 시작했죠. 그런데 소전체를 봐도 오늘날의 花(꽃 화)와는 모양이 분명 다르다는 걸 알 수 있습니다. 그 이유를 알기 위해선, 먼저 華(빛날 화)를 살펴봐야 합니다.

❹華(빛날 화): 华(huá)

華(빛날 화) 역시 최초 형태인 금문은 꽃의 형태를 그대로 따온 상형 문자입니다. 즉 花(꽃 화)와 혼용해서 썼죠.

그러다가 소전체에 이르러 花(꽃 화)가 꽃이라는 뜻으로 전용되면서, 華(빛날 화)는 꽃처럼 '화려하다, 빛나다, 찬란하다'라는 뜻으로 쓰이게 된 겁니다. 그리고 花(꽃 화)는 모양이 비슷한 華(빛날 화)와 구분하기 위해서 艸(풀 초)를 빼냈다가, 최종적으로 획수가 간단한 化(될 화)로 대체하게 되었습니다.

華(빛날 화)는 번체자와 간체자의 모양이 다름에 유의해야 합니다.

- 27장 -

❼便(편할 편/똥오줌 변)-❹更(고칠 경/다시 갱)

-❸丙(남녘 병)-攴(칠 복)-❼數(셈 수)

-❽敎(가르칠 교)-爻(사귈 효/가로 그을 효)

-❻交(사귈 교)-❽學(배울 학)

-❼農(농사 농)-❸辰(별 신/별 진)

❼便(편할 편/똥오줌 변): 便(pián/biàn)

便(편할 편/똥오줌 변)은 人(사람 인)과 更(고칠 경)이 합쳐진 회의 문자입니다.

[금문] [전국문자] [소전체]

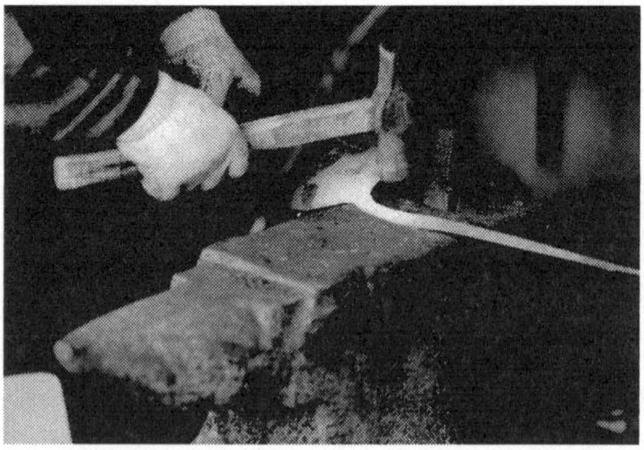

따라서 便(편할 편/똥오줌 변)을 이해하기 위해선, 먼저 更(고칠 경)을 살펴봐야 합니다.

❹更(고칠 경/다시 갱): 更(gēng/gèng)

更(고칠 경/다시 갱)은 윗부분의 丙(남녘 병)과 아랫부분의 攴(칠 복)이 합쳐진 회의 문자입니다.

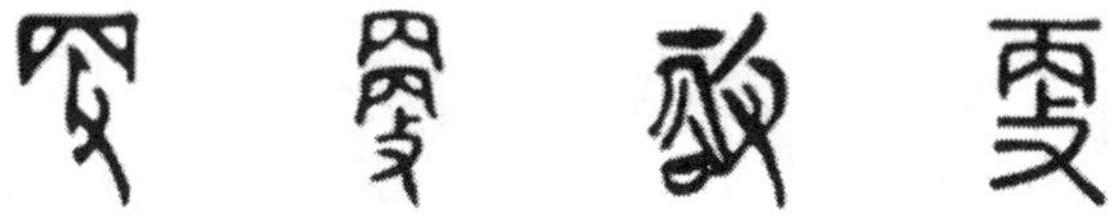

[갑골문] [금문] [전국문자] [소전체]

따라서 역시 먼저 丙(남녘 병)과 攴(칠 복)을 알아봐야겠죠?

❸丙(남녘 병): 丙(bǐng)

丙(남녘 병)은 위는 제기를 올리도록 평평하고 아래에는 다리가 있는 제사상의 모습을 그대로 가져왔습니다.

[갑골문] [금문] [전국문자] [소전체]

北(북녘 북)은 임금이란 북극성처럼 북쪽에 기대어 자리하고 남쪽을 향해서 앉아있어야 하는 존재라는 뜻에서 왔다고 했습니다. 또 南(남녘 남)은 제사를 지낼 때 악기를 연주하는 악관이란 임금의 맞은편인 남쪽에 자리하는 존재라는 뜻에서 왔다고 했습니다.

따라서 丙(남녘 병)은 제사상이 남녘에 있다는 뜻에서 나왔으므로 지사 문자가 되죠. 나아가 후에 남녘은 '밝다'라는 의미로 확장되었으므로, 전주 문자가 되기도 합니다.

攴(칠 복)은 攵(등글월 문)이라고도 일컬어지는데, 又(또 우)에서 설명한 것처럼 오른손(又)으로 도구(卜)를 쥔 모습을 그려냈습니다.

[갑골문] [소전체] [예서]

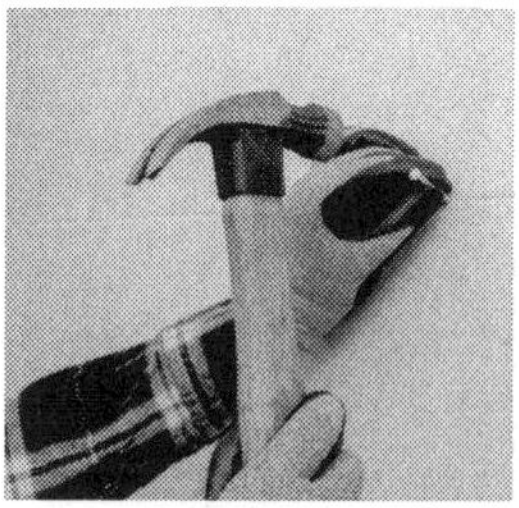

사람이 오른손(又)으로 도구(卜)를 든 건 무언가를 치기 위해서이므로, 攴(칠 복)은 지사 문자가 되죠.

이제 지금까지 설명한 내용을 바탕으로, 更(고칠 경/다시 갱) 나아가 便(편할 편/똥오줌 변)에 대해서 살펴보겠습니다.

❹更(고칠 경/다시 갱): 更(gēng/gèng)

更(고칠 경/다시 갱)은 윗부분의 丙(남녘 병)과 아랫부분의 攴(칠 복)이 합쳐진 회의 문자라고 했습니다. 따라서 更(고칠 경/다시 갱)은 오른손(又)으로 도구(卜)를 들고 쳐서(攴) 밝게(丙) 고친다는 뜻을 지니죠. 나아가 오른손으로 거듭(又) 치므로, 후에 '다시'라는 반복의 의미로 확장되었으니 전주 문자도 됩니다.

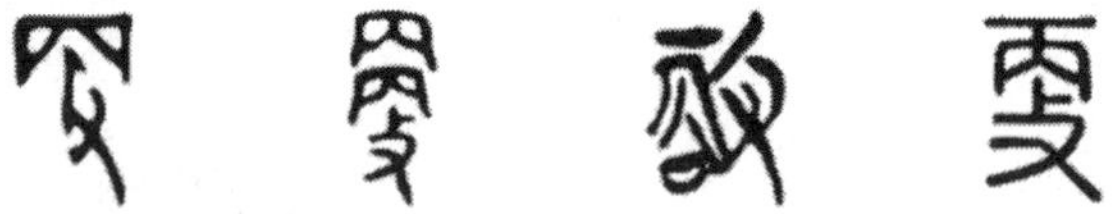

[갑골문] [금문] [전국문자] [소전체]

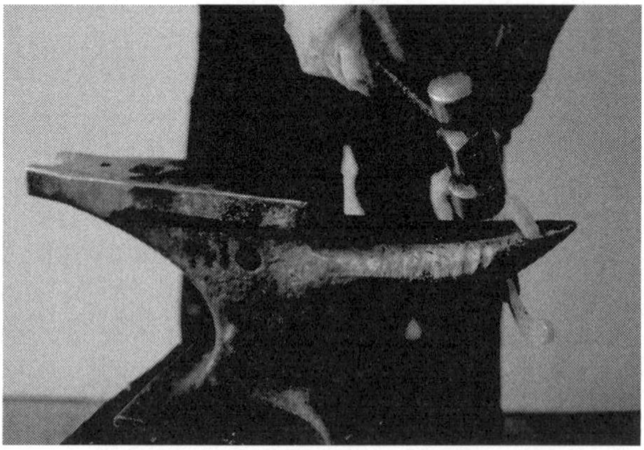

그래서 오늘날 올림픽에서 선수가 기록을 신기록을 세웠을 때, 우리는 새로이 고쳐 썼다는 뜻으로 경신(更新)했다고 표현하는 겁니다. 반면 해외여행을 위해 여권 기간을 다시 새로이 해야 할 땐, 여권을 갱신(更新)한다고 쓰는 거죠.

❼便(편할 편/똥오줌 변): 便(pián/biàn)

[금문] [전국문자] [소전체]

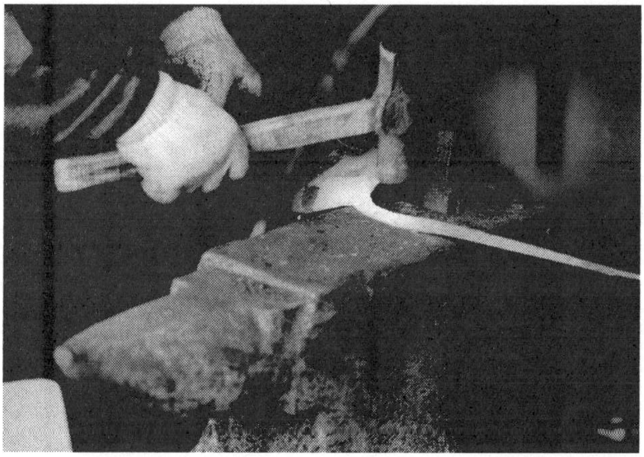

便(편할 편/똥오줌 변)은 人(사람 인)과 更(고칠 경)이 합쳐진 회의 문자라고 했습니다. 따라서 便(편할 편/똥오줌 변)은 사람이 불편함을 고쳐서 편하게 한다는 뜻을 지니죠. 나아가 사람을 편하게 하는 것이 대소변을 보는 거라는 의미로 확장되었으므로 전주 문자도 됩니다. 그래서 '편의, 편리, 방편' 등 편하다는 의미로 쓸 땐 '편'으로 읽습니다. 반면에 '용변, 대소변'이란 단어는 '변'으로 발음하죠.

❼數(셈 수): 数(shù)

數(셈 수)는 오늘날의 형태로 보면 婁(끌 루)와 攴(칠 복)=攵(등글월 문)이 합쳐진 문자입니다.

[초계간백] [소전체]

그런데 보다시피 數(셈 수)는 갑골문과 금문에는 보이지 않으므로, 나중에 생겨난 문자임을 알 수 있죠.

[금문] [초계간백] [진계간독] [소전체]

반면 婁(끌 루)는 금문에도 존재하므로, 나중에 생겨난 數(셈 수)의 뜻을 파악할 때 婁(끌 루)까지 고려할 필요는 없습니다. 왜냐면 數(셈 수)에 등장하는 婁(끌 루)는 사실상 오늘날 우리가 알고 있는 婁(끌 루)와는 아무런 상관이 없으니까요. 그래서 다양한 소전체의 數(셈 수)에 등장하는 왼쪽 부분은 婁(끌 루)의 모양과 일치하지 않습니다.

[출처: 국립민속박물관]

위의 그림처럼 數(셈 수)의 소전체 모양은 다양합니다. 그러나 공통점들을 살펴보면, 1) 여인들(女女女)을 줄 세워서(丨) 치거나(攴) 2)여인(女) 앞에서 죄인을 매달아 놓고 치는(攴) 모습을 묘사하고 있다는 겁니다.

따라서 數(셈 수)는 원래 1. 조사하여 (그 죄를) 헤아리다, 2. (그 죄를 나열하여) 책망한다는 뜻을 지닌 지사 문자인데, 점차 3. 일일이 헤아려서 셈한다는 뜻까지 확대된 전주 문자가 되기도 합니다.

數(셈 수)는 번체자와 간체자의 모양이 다름에 유의해야 합니다.

❽敎(가르칠 교): 教(jiāo)

敎(가르칠 교)는 爻(사귈 효/가로 그을 효)와 子(아들 자) 그리고 攴(칠 복)=攵(등글월 문)이 합쳐진 회의 문자입니다.

[갑골문] [금문] [전국문자] [소전체]

[출처: 국립중앙박물관]

자식(子)이 본받도록(爻) 회초리로 치는 것(攵)이 가르침이라는 의미를 지니죠.

教(가르칠 교)는 번체자와 간체자의 모양이 약간 다름에 유의해야 합니다.

그럼 여기서 爻(사귈 효/가로 그을 효)도 살펴볼까요?

爻(사귈 효/가로 그을 효)는 마치 막대기가 서로 교차하는 듯한 모양을 한 X를 두 번 그렸습니다.

[갑골문] [금문] [소전체]

그래서 많은 사람들이 교차하는 것은 교류하는 것이고, 교류를 통해서 서로를 본받게 된다는 뜻까지 가지며, 나아가 X자로 가로 그음으로써 부정을 나타내기도 했다고 풀이했는데요. 여기서 交(사귈 교)를 짚고 넘어가겠습니다.

❻交(사귈 교): 交(jiāo)

먼저 交(사귈 교)의 갑골문과 금문 그리고 소전체를 비교해 보죠.

이처럼 交(사귈 교)는 두 개의 화살표가 서로 교차하여 합쳐진 모습을 그린 지사 문자임을 알 수 있습니다.

하지만 爻(사귈 효/가로 그을 효)는 '사귀다' 또는 '교차하다'라는 뜻을 지니지 않습니다. 그렇다면 이 문자의 X 모양은 뭘 뜻할까요? 결론부터 말하자면, 爻(사귈 효/가로 그을 효)는 바로 八卦(팔괘)를 가리킵니다.

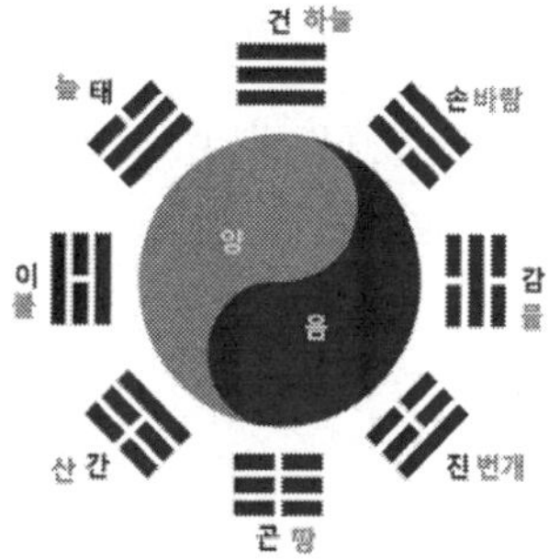

팔괘는 중국 상고 시대에 복희씨가 지었다는 여덟 가지의 괘인데요. 긴 막대 형태의 양효(—)와 짧은 막대 형태의 음효(-) 즉 음양(陰陽)을 조합하여 세상의

[출처: 국립중앙박물관]

이치를 설명했습니다. 참고로 대한민국의 국기인 太極旗(태극기) 또한 팔괘에서 유래했는데, 다만 팔괘 중 건곤감리 네 개만 취한 겁니다.

따라서 敎(가르칠 교)는 자식(子)에게 회초리로 치면서(攴=攵) 세상의 이치인 팔괘(爻)를 알려주는 행위가 되는 겁니다.

이제 爻(사귈 효/가로 그을 효)의 참뜻을 알았으니, 이를 바탕으로 學(배울 학)을 살펴볼까요?

❽學(배울 학): 学(xué)

學(배울 학)은 爻(사귈 효/가로 그을 효)와 𦥑(두 손) 그리고 冖(집)과 子(아들 자)가 합쳐진 회의 문자입니다.

[갑골문] [금문] [초계간백] [소전체]

집(冖)에서 두 손(𦥑)으로 八卦(팔괘)를 들고 있는 것이 배우는 일이라는 뜻이죠. 금문에서부터는 자식을 뜻하는 子(아들 자)가 더해지는 걸로 보아, 배움이라는 건 어렸을 때부터 시작해야 하는 것임을 알 수 있습니다.

앞에서 道(길 도)는 리더십이라고 했습니다. 그리고 그 리더십인 道(도)의 내용은 팔괘(八卦)에 고스란히 담겨 있습니다. 그러므로 敎(가르칠 교)와 學(배울 학)의 대상은 다름 아닌 道(길 도)가 되죠.

아울러서 學(배울 학)은 번체자와 간체자의 모양이 다름에 유의해야 합니다.

❼農(농사 농): 农(nóng)

農(농사 농)은 曲(밭을 갈음)과 辰(별 신/별 진)이 합쳐진 회의 문자입니다.

[갑골문] [금문] [전국문자] [소전체]

하지만 갑골문을 보면 農(농사 농)은 원래 林(수풀 림)과 辰(별 신/별 진)이 합쳐진 문자임을 알 수 있습니다.

여기서 먼저 辰(별 신/별 진)에 대해 살펴볼까요?

❸辰(별 신/별 진): 辰(chén)

辰(별 신/별 진)은 쟁기의 모습을 그대로 가져왔습니다.

[갑골문] [금문] [전국문자] [소전체]

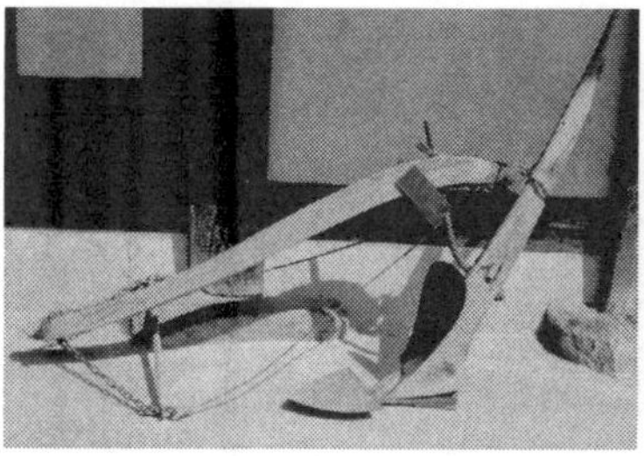

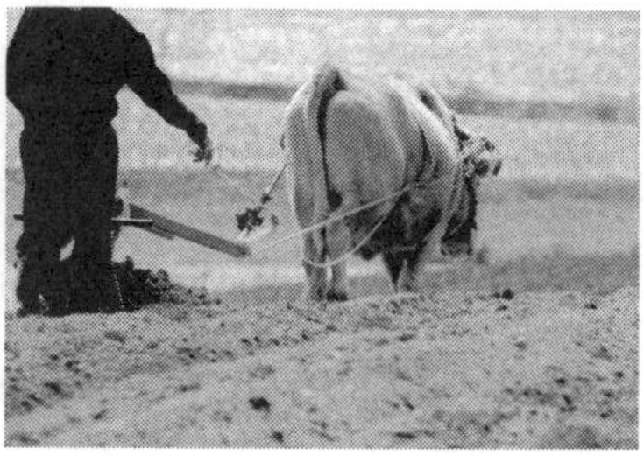

쟁기로 땅을 가는 건 태양이 떠오르기 전인 새벽에 해야 합니다. 흙 속의 수분이 날아가면 안 되기 때문이죠. 그러므로 辰(별 신/별 진)은 쟁기로 흙을 갈 때 하늘에서 볼 수 있는 건 '별'이라는 뜻이 되므로, 바로 지사 문자가 됩니다.

물론 별은 모양이 있습니다. 하지만 옛날 사람들의 눈에 비친 별은 형체가 없는 빛이라서, 이처럼 쟁기를 이용해서 설명했을 뿐이죠.

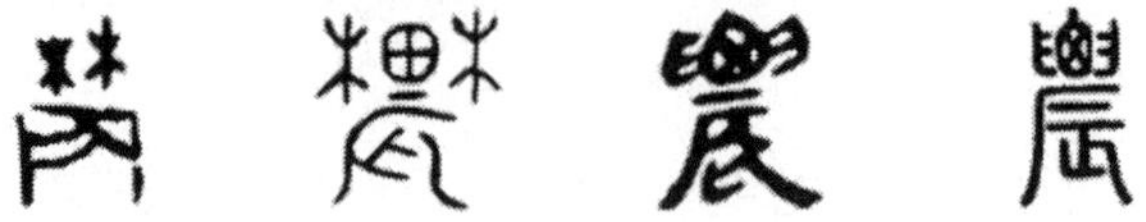

[갑골문] [금문] [전국문자] [소전체]

따라서 農(농사 농)의 갑골문은 숲(林)을 개간한다(辰)는 뜻을 지닙니다. 그러다가 금문에서는 나무(木)와 나무(木) 사이에 있는 밭(田)을 간다(辰)는 의미로 쓰였고, 소전체에 이르러서는 두 손(臼)으로 쟁기(辰)를 잡고 밭(田)을 가는 모양을 바뀌었죠. 그리고 최종적으로 두 손(臼)과 밭(田)을 합친 曲 모양으로 굳어졌으므로, 曲(굽을 곡)과 아무런 상관이 없습니다. 결국 두 손(臼)으로 쟁기(辰)를 잡고 밭(田)을 가는 게 농사(農)란 얘깁니다.

農(농사 농)은 번체자와 간체자의 모양이 다름에 유의해야 합니다.

- 28장 -

❼氣(기운 기/보낼 희)-气(기운 기)-❻米(쌀 미)

❼氣(기운 기/보낼 희): 气(qì)

氣(기운 기/보낼 희)는 气(기운 기)에서 소리가 오고 米(쌀 미)에서 뜻이 온 형성 문자입니다.

따라서 氣(기운 기/보낼 희)의 뜻을 이해하려면, 气(기운 기)와 米(쌀 미)를 살펴봐야 합니다.

气(기운 기)는 부수(部首)로만 사용하는데, 바로 공중의 기운을 뜻합니다.

봄날의 아지랑이처럼 말입니다.

❻米(쌀 미): 米(mǐ)

米(쌀 미)는 벼가 알알이 맺힌 모양을 그대로 가져온 상형 문자입니다.

[갑골문] [금문] [초계간백] [소전체]

따라서 氣(기운 기/보낼 희)는 막 지은 쌀밥(米)에서 올라오는 기운(气)이라는 듯을 지니죠. 이와 관련하여 다음 기록도 함께 살펴보겠습니다.

氣也者, 神之盛也; 魄也者, 鬼之盛也。合鬼與神, 教之至也。衆生必死, 死必歸士, 此之謂鬼。骨肉斃于下, 陰爲野土; 其氣發揚于上, 爲昭明。焄蒿悽愴, 此百物之精也, 神之著也。

氣(기)는 神(신)의 왕성함이고, 魄(백)은 鬼(귀)의 왕성함이다. 鬼(귀)와 神(신)을 합한 것이, 教(교: 가르침)의 지극함이다. 살아있는 모든 것은 반드시 죽고, 죽으면 반드시 흙으로 돌아가는데, 이를 鬼(귀)라고 한다. 뼈와 살은 아래(흙)로 엎어져서, 陰(음)으로 들판의 흙이 되고; 그 氣(기)는 위로 일어나서, 밝고 명확하게 된다. 기운이 서려 올라 오싹해지는 것, 이는 온갖 것들의 精氣(정기)이니, 神(신)의 분명히 드러남이다.

-『예기』, 「제의」

示(보일 시)는 '위로 올라가는 기운' 즉 생명체의 육신이 죽었을 때 빠져나와 하늘로 올라가는 영혼을 뜻한다고 했습니다. 따라서 氣(기운 기/보낼 희)는 눈에는 보이지 않지만 그 존재를 믿을 수 있는 대상인 '기운'을 표현할 때 씁니다.

나아가 육신이 죽게 되면 이제 몸속의 기운이 빠져나와 올라가기 때문에, 영혼을 하늘로 보내줘야 한다는 뜻까지 생겨났으므로 전주 문자가 되기도 하죠.

氣(기운 기/보낼 희)의 간체자는 米(쌀 미)가 빠진 형태이기 때문에 유의해야 합니다.

- 29장 -

❼電(번개 전)-❹申(펼 신)-❺雨(비 우)

❼電(번개 전): 电(diàn)

電(번개 전)은 申(펼 신)과 雨(비 우)가 합쳐진 회의 문자입니다.

[갑골문] [금문] [전국문자] [소전체]

그런데 電(번개 전)의 갑골문을 보면, 오늘날의 모양과는 사뭇 다릅니다. 이제 申(펼 신)과 雨(비 우)를 함께 살펴보면서, 그 이유에 대해서 알아보겠습니다.

❹申(펼 신): 申(shēn)

申(펼 신)은 하늘에서 번쩍하고 내리치는 번개의 모양을 그대로 가져온 회의 문자입니다.

[갑골문] [금문] [전국문자] [소전체]

申(펼 신)과 電(번개 전)의 갑골문이 같은 이유가 바로 여기에 있는데요. 바로 申(펼 신) 자체가 하늘에서 계속 내리치는 번개라는 뜻을 지니고 있던 겁니다. 그러다가 申(펼 신)이 '펴다' 그리고 '거듭, 되풀이하다'라는 뜻으로 전용되면서, 금문에서부터는 雨(비 우)를 추가하게 된 거죠.

이어서 雨(비 우)에 대해서 알아보겠습니다.

❺雨(비 우): 雨(yǔ)

雨(비 우)는 구름에서 물방울이 떨어지는 모양을 묘사한 상형 문자입니다.

[갑골문] [금문] [전국문자] [소전체]

하늘 위에 떠 있는 구름에서 물방울이 떨어지는 것이 바로 비라는 뜻이죠.

- 부록 -

漢字를 응용한 중국어 단어

중국어 단어는 한자와 달리, 기본적으로 두 글자로 구성된 짝수를 원칙으로 하고 있습니다. 그 이유는 다름 아닌 중국 전통의 陰陽學(음양학) 논리에서 찾을 수 있는데요. 음양학의 원리는 밝음을 뜻하는 陽(양)과 어두움을 뜻하는 陰(음)이 세상에 함께 존재한다는 개념을 바탕으로 합니다. 다시 말해서, 음양학은 세상 만물에 모두 '양'과 '음' 두 가지가 공존하고 있다는 뜻이므로, 중국인들은 이러한 원리에 기인하여 중국어 단어 역시 '양'과 '음'의 짝을 맞춰서 만들었던 겁니다. 물론 상황에 따라서 한 글자로만 구성된 단어도 적지 않고, 또 필요에 의해서 혹은 편리함을 추구하기 위해서 짝수로 된 단어를 한 글자로 줄여서 말하거나 쓰는 경우도 있지만, 중국어 단어가 이처럼 원칙적으로는 짝수로 구성되어 있음을 이해할 필요가 있습니다. 중국어 단어를 짝수로 만드는 과정은 크게 세 가지로 나눌 수 있습니다.

첫 번째, 서로 의미가 같거나 유사한 단어들끼리 짝을 지어주는 경우입니다.

예1

國家(국가)

옛 중국인들에게 있어 家(가)는 오늘날의 '집'이 아닌, 한 지역을 통치하는 가문의 의미로 통용되었기 때문에, 國(나라 국)과 같거나 유사한 의미를 지닙니다.

예2

語言(어언)

'말'이라는 뜻을 지닌 語(말씀 어)와 言(말씀 언), 즉 서로 의미가 같은 단어끼리 짝을 지어준 전형적인 예가 됩니다. 한국에서는 '언어'라고 쓰지만, 중국어에는 이처럼 한국의 한자와 앞뒤가 반대인 단어가 종종 있습니다.

두 번째, 의미가 같거나 유사하지는 않지만, 서로 그 뜻이 통하거나 상호간의 의미를 보충 또는 보조해줄 수 있는 단어를 짝지어 주는 경우입니다.

예1

人民(인민)

'사람'을 뜻하는 人(사람 인)과 '백성'을 뜻하는 民(백성 민)이라는 단어를 짝지어줌으로써, '사람, 그중에서도 백성인 자'라는 의미로 보충 설명을 해줬습니다.

예2

空氣(공기)

'비어있음'을 뜻하는 空(빌 공)과 추상적인 형이상학 개념의 '기운'을 뜻하는 氣(기운 기)라는 단어를 짝지어줌으로써, '완전히 비어있는 듯하지만, 사실 보거나 만질 수 없는 기운으로 채워진 것이 공기'라는 추상 명사로 만든 경우입니다.

세 번째, 특별한 의미가 없는 접미사를 뒤에 붙여서 짝수로 만들어주는 경우입니다.

예1

早上(조상)

早(이를 조)와 시간을 나타내는 접미사로 쓰인 上(위 상)을 짝지어줌으로써, '이른 때' 즉 '아침'의 의미로 썼습니다.

예2

日子(일자)

日(날 일)과 한 단어 뒤에 놓여 그 단어를 명사로 만들어주는 접미사로 쓰인 子(아들 자)를 짝지어줌으로써, '날, 날짜, 시절, 때'라는 의미로 써주는 경우입니다.

이제 마지막으로 HSK 甲(갑)에 속하는 1,013개의 단어 중에서, 위에서 설명했던 한자들을 활용하는 중국어 단어들에 대해서 알아보기로 하죠. 소개하는 순서는 각 단어 발음의 알파벳 순서에 따르기로 하겠습니다.

B	八	bā	수사	8, 팔, 여덟
	白	bái	형용사	하얗다, 희다
	百	bǎi	수사	100, 백

*한국어와 달리, 중국어에서는 '백' 이상 단위는 반드시 앞에 一(yī)을 붙여주어야 함에 주의해야 합니다.

예) 一百(yì bǎi): 백

北	běi	명사	북, 북쪽

*중국어는 짝수를 선호하므로, 이 단어는 단독으로 잘 쓰이지 않습니다. 따라서 보통은 아래의 형태로 더 많이 활용됩니다.

北方	běi fāng	명사	북방, 북쪽
不	bù	부사	(형용사, 동사 앞에 놓여) 아니다, ~하지 않다
不同	bù tóng	형용사	같지 않다, 다르다

C	长	cháng	형용사	길다
	场	chǎng	양사/명사	차례, 번/장소, 무대

*한국어의 '수량을 나타내는 단위 명사'를, 중국어에서는 量詞(양사)라고 합니다.

예) 一场(yì chǎng): 한 차례(번)

下场(xià chǎng): 퇴장하다, 무대에서 내려오다/말로, 끝장

车	chē	명사	수레, 차(바퀴가 달린 교통수단)

*중국어는 짝수를 선호하므로, 이 단어는 단독으로 잘 쓰이지 않습니다. 따라서 보통은 아래의 형태로 더 많이 활용됩니다.

车子	chē zi	명사	수레, 차(바퀴가 달린 교통수단)

*이는 앞에서 소개했던 단어를 짝수로 만드는 세 과정 중 마지막 부분에 해당됩니다. 子(아들 자)는 의미가 있을 때는 zǐ로 발음하지만, 단순히 명사를 짝수로 만들기 위해서 붙여주는 접미사로 쓰일 때는 zi 즉 輕聲(경성)으로 읽어줌에 유의해야 합니다.

出	chū	동사	나다(동작의 방향이 안에서 밖으로 향하다)
出来	chū lái	동사	나오다

*한국어와 마찬가지로, 중국어의 이합동사(두개의 동사가 합쳐진 형태) 역시 앞의 동사는 본동사가 되고 뒤의 동사는 방향을 나타내는 보조동사로 바뀝니다.

春	chūn	명사	봄

*중국어는 짝수를 선호하므로, 이 단어는 단독으로 잘 쓰이지 않습니다. 따라서 보통은 아래의 형태로 더 많이 활용됩니다.

春天	chūn tiān	명사	봄, 봄날, 봄철

D	大	dà	형용사	크다, 세다

大家	dà jiā	대명사/ 명사	모두, 다들/대가, 권위자

*일반적으로는 대명사로 자주 쓰이고, 특수한 상황에서 명사로 활용됩니다.

大学	dà xué	명사	대학, 대학교

*한국어에서는 大學校(대학교)라고 표기하지만, 중국어는 짝수를 선호하기 때문에 두 글자만 쓰고 있습니다.

大夫	dà fū	명사	대부(고대의 고위 관직명)
	dài fu	명사	의사

*현대 사회에는 '대부'라는 관직이 없기 때문에, 이는 주로 역사와 관련하여서만 쓰입니다. 보통은 '의사'라는 의미로 많이 통용되는데, 이때는 '대부'와 구별하기 위해 발음을 변형함에 유의해야 합니다.

道	dào	양사	줄기, 코스

*이 단어는 '길'과도 같이 길게 늘어진 명사(무지개, 담장, 코스 요리)에 대해서 양사로 쓰입니다.

예) 一道(yí dào): 한 줄기(코스)

地	de	조사	~게

*형용사 뒤에 붙어서 형용사를 부사어로 바꿔주는 역할을 합니다.

예) 方便(fāng biàn): 편리하다 → 方便地(fāng biàn de): 편리하게

地	dì	명사	땅, 바닥, 장소

*중국어는 짝수를 선호하므로, 이 단어는 단독으로 잘 쓰이지 않습니다. 따라서 보통은 아래의 형태로 더 많이 활용됩니다.

地方	dì fang	명사	곳, 장소, 부분
	dì fāng	명사	지역, (중앙에 상대되는) 지방

*일반적으로는 첫 번째 의미의 명사로 자주 쓰이고, 구체적인 장소를 나타내거나 도시의 반대 개념을 말할 때는 두 번째 명사로 활용됩니다.

弟弟	dì di	명사	남동생

*한 글자만으로도 남동생을 뜻하지만, 역시 짝수로 쓰기 위해서 같은 단어를 중복해서 사용했습니다. 다만 이 경우에는 발음을 보다 편하게 하기 위해서 뒤의 단어를 輕聲(경성)으로 읽어줌에 유의해야 합니다.

**중국어에는 한국어와 달리 남동생과 여동생을 명확하게 구분하는 단어가 있습니다.

电	diàn	명사	전기, 번개
电车	diàn chē	명사	전차
电话	diàn huà	명사	전화(기)
东	dōng	명사	동, 동쪽

*중국어는 짝수를 선호하므로, 이 단어는 단독으로 잘 쓰이지 않습니다. 따라서 보통은 아래의 형태로 더 많이 활용됩니다.

东方	dōng fāng	명사	동방, 동쪽
东西	dōng xi	명사	물건, 사물, 물품
	dōng xī	명사	동서, 동쪽과 서쪽

*일반적으로는 첫 번째 의미의 명사로 자주 쓰이고, 구체적인 방향을 말할 때는 두 번째 명사로 활용됩니다.

冬	dōng	명사	봄

*중국어는 짝수를 선호하므로, 이 단어는 단독으로 잘 쓰이지 않습니다. 따라서 보통은 아래의 형태로 더 많이 활용됩니다.

冬天	dōng tiān	명사	겨울, 겨울날, 겨울철
动	dòng	동사	움직이다, 동작하다
动物	dòng wù	명사	동물

E	二	èr	수사	2, 이, 둘

F	方便	fāng biàn	형용사/동사	편리하다/편리하게 하다
	方面	fāng miàn	명사	방면, 분야, 부분
	夫人	fū rén	명사	부인(아내에 대한 존칭)

G	哥哥	gē ge	명사	형, 오빠

*한 글자만으로도 '형, 오빠'를 뜻하지만, 짝수를 유지하기 위해 같은 단어를 중복해서 적은 형태입니다. 다만 이 경우에는 발음을 보다 편하게 하기 위해서 뒤의 단어를 輕聲(경성)으로 읽음에 유의해야 합니다.

**중국어는 한국어와 달리 남동생이 부르는 '형'이나 여동생이 부르는 '오빠'가 명확하게 구분되어 있지 않습니다. 남녀 모두가 이 단어를 사용합니다.

歌	gē	명사	노래
更	gèng	부사	더, 더욱, 훨씬
工人	gōng rén	명사	노동자, 인부
国	guó	명사	국가, 나라

*중국어는 짝수를 선호하므로, 이 단어는 단독으로 잘 쓰이지 않습니다. 따라서 보통은 아래의 형태로 더 많이 활용됩니다.

国家	guó jiā	명사	국가, 나라

H	海	hǎi	명사	바다
	汉语	hàn yǔ	명사	중국어

*중국은 55개의 소수 민족과 한족 총 56개 민족으로 구성되어 있는데요. 따라서 이 단어는 한족이 쓰는 언어라는 뜻으로, 표준 중국어와 같은 개념입니다. 반면에 '중국어'는 중국에서 쓰이는 언어라는 뜻으로, 표준어와 사투리 및 소수 민족의 언어를 포함하는 포괄적인 개념입니다.

汉字	hàn zì	명사	한자, 중국의 문자
后	hòu	명사/ 형용사	뒤, 후대, 자손/다음의, 나중의
花	huā	명사/ 형용사	꽃/꽃무늬의, 알록달록한, 화려한
花	huā	동사	쓰다, 소비하다, 소모하다

*동사로 쓰이는 경우는 '돈을 꽃잎 날리듯 뿌린다'라는 의미에서 파생된 것입니다.

化学	huà xué	명사	화학
话	huà	명사	말, 이야기
黄	huáng	형용사	노랗다
活	huó	동사	살다, 생활하다
活动	huó dòng	동사/명사	운동하다, 활동하다/활동, 행사
火车	huǒ chē	명사	기차

*국어에서는 수증기가 나오는 교통수단이라는 의미로 汽車(기차)라는 표현을 쓰지만, 중국어에서는 장작이나 석탄을 불로 태워서 그 힘으로 가는 차라고 표현합니다.
이처럼 같은 한자권 문화의 국가더라도 국가마다 보는 관점에 따라 달리 표현하는 경우가 더러 있으므로, 유의하여 이해할 필요가 있습니다.

J	记	jì	동사	기억하다, 기록하다
	家	jiā	명사/양사 /접미사	집, 가정/부류, 아내

*이 단어는 집이나 공장 또는 가게 등에 대해서 양사로 쓰입니다.
예) 一家(yì jiā): 한 채(동)

间	jiān	양사	칸

*이 단어는 방이나 교실 등의 칸막이가 있는 공간에 대한 양사로 쓰입니다.
예) 一间(yì jiān): 한 칸

件	jiàn	양사	벌, 개

*이 단어는 낱개로 셀 수 있는 물건에 대한 양사로 쓰입니다.
예) 一件(yí jiàn): 한 벌(개)

江	jiāng	명사	강
交	jiāo	동사	사귀다, 교제하다/건네다, 제출하다
教	jiāo	동사	가르치다
教室	jiào shì	명사	교실, 강의실

*이 단어는 1성의 'jiāo'와 4성의 'jiào' 두 가지 발음이 있는데, 일반적으로 동사로만 쓰이는 경우에는 1성으로, 다른 단어와 합쳐져서 명사의 의미가 있는 경우에는 4성으로 발음합니다. 바로 아래의 단어 역시 명사의 뜻이 있으므로 4성으로 발음해야 하죠. 중국어 단어에는 이와 같은 단어들이 몇 가지 더 존재하는데, 이러한 단어들은 등장할 때마다 설명하겠습니다.

教育	jiàoyù	명사/동사	교육/교육하다, 양성하다
斤	jīn	양사	근(500g)

*서양식 도량형 단위에 익숙한 한국과 달리, 중국은 아직까지도 전통적으로 내려오는 도량형 단위를 많이 씁니다. 따라서 이러한 옛 도량형이 서양식 단위로는 어느 정도 되는지 이해할 필요가 있습니다.
예) 一斤(yì jīn): 한 근

今年	jīn nián	명사	올해, 금년
今天	jīn tiān	명사	오늘
九	jiǔ	수사	9, 구, 아홉

K	空气	kōng qì	명사	공기

*이 단어는 1성의 'kōng'과 4성의 'kòng' 두 가지 발음이 있는데, '비다'라는 형용사로 쓰이는 경우에는 1성으로, '공간, 틈, 겨를'이라는 명사로 쓰이는 경우에는 4성으로 발음합니다.

口	kǒu	명사/양사	입/식구

*이 단어는 식구 가족 대한 양사로 쓰입니다.
예) 一口(yì kǒu): 한 식구(가족)

口语	kǒu yǔ	명사	구어, 구두어

L	来	lái	동사	오다(먼 곳에서 다가서다)
	老	lǎo	형용사	늙다, 오래되다
	老(二)	lǎo (èr)	접두사	서열상(둘째)

*따라서 老大(lǎo dà)는 '첫째, 맏이'라는 뜻을 지닙니다.

里	lǐ	명사	이웃, 고향

*중국어는 짝수를 선호하므로 이 단어는 단독으로 잘 쓰이지 않습니다.

里	lǐ	양사	리(500m)
六	liù	수사	6, 육, 여섯

M	毛	máo	양사	마오(화폐 단위)

*十毛 = 一元(yī yuán)

每	měi	대명사	매, 마다
门	mén	명사/양사	문/과목

*이 단어는 과목에 대한 양사로 쓰입니다.

예) 一门(yì mén): 한 과목

门口	mén kǒu	명사	입구, 현관
米	mǐ	양사	미터

*이 단어는 영어 'meter'를 중국어로 음역한 외래어입니다.

明年	míng nián	명사	내년

*한국어는 來(올 래)를 써서 '다가올 해'라는 의미를 부여하지만, 중국어는 明(밝을 명)을 써서 '미래는 더 밝을 것이다'라는 의미를 부여합니다. 이 같은 개념은 아래의 단어에도 똑같이 적용됩니다.

明天	míng tiān	명사	내일
名字	míng zì	명사	성명, 이름
目前	mù qián	명사	지금, 현재

*한국어는 目前(목전)을 '눈 앞'으로 풀이하지만, 중국어는 '눈앞에 있는 바로 지금'이라는 의미로 풀이하고 있습니다.

N	南	nán	명사	남, 남쪽

*중국어는 짝수를 선호하므로 이 단어는 단독으로 잘 쓰이지 않습니다. 따라서 보통은 아래의 형태로 더 많이 활용됩니다.

南方	nán fāng	명사	남방, 남쪽
男	nán	형용사	남성의, 남자의
内	nèi	명사	안, 속
年	nián	명사	년, 해
牛	niú	명사	소
农村	nóng cūn	명사	농촌
农民	nóng mín	명사	농부, 농민

女	nǚ	형용사	여성의, 여자의

Q	七	qī	수사	7, 칠, 일곱
	千	qiān	수사	1000, 천

*한국어와 달리, 중국어에서는 '백' 이상 단위는 반드시 앞에 一(yī)을 붙여주어야 함에 다시 한번 주의해야 합니다.

예) 一千(yì qiān): 천

前	qián	명사	앞
青年	qīng nián	명사	청년, 젊은이
秋	qiū	명사	가을

*중국어는 짝수를 선호하므로 이 단어는 단독으로 잘 쓰이지 않습니다. 따라서 보통은 아래의 형태로 더 많이 활용됩니다.

秋天	qiūtiān	명사	가을, 가을날, 가을철
全	quán	형용사	온, 모든, 전부의

R	然后	rán hòu	부사	연후에, 그런 후에
	人	rén	명사	사람, 인간
	人民	rén mín	명사	인민, 국민, 백성
	日	rì	명사	하루, 일

日语	rì yǔ	명사	일본어, 일어
日文	rì wén	명사	일본어, 일문
日子	rì zi	명사	날, 시절, 때
肉	ròu	명사	고기, 살

S

三	sān	수사	3, 삼, 셋
山	shān	명사	산
上	shàng	명사	위
上	shàng	동사	오르다

*'오르다'는 '구체적인 동작'을 나타내는 의미와 '궤도에 오르다, 본격적으로 시작되다'라는 의미로 나눌 수 있습니다. 아래의 단어는 '구체적인 동작'을 의미합니다.

上来	shàng lái	동사	올라오다

*한국어와 마찬가지로, 중국어의 이합동사(두개의 동사가 합쳐진 형태) 역시 앞의 동사는 본동사가 되고 뒤의 동사는 방향을 나타내는 보조 동사로 바뀝니다.

上午	shàng wǔ	명사	오전

*十二支(12지)에서 午(낮 오)는 11시~13시를 뜻합니다. 따라서 上午(상오)는 그 위에 있는 시간대를 뜻하므로, 이는 한국어의 '오전'과 같은 의미가 되죠.

上学	shàng xué	동사	등교하다

*반면에 여기서는 '궤도에 오르다, 본격적으로 시작되다'라는 의미를 지니므로, '배움에 오르다, 배움이 본격적으로 시작되다'로 풀이해야 합니다.

少	shǎo	형용사/동사	적다/모자라다
生活	shēnghuó	명사/동사	생활/살다
生日	shēng rì	명사	생일, 태어난 날
十	shí	수사	10, 십, 열
时间	shíjiān	명사	시간(기간), 틈, 여유
事	shì	명사	일, 업무, 사건
市	shì	명사	행정 지역 단위의 시
手	shǒu	명사	손, 능숙한 사람
数	shǔ	동사	세다, 셈하다, 헤아리다

*이 단어는 3성의 'shǔ'과 4성의 'shù' 두 가지 발음이 있는데, '세다'라는 동사로 쓰이는 경우에는 3성으로, '셈, 수'의 명사 의미가 있는 경우에는 4성으로 발음합니다. 바로 아래 단어는 명사로 쓰이는 경우입니다.

数学	shù xué	명사	수학
水	shuǐ	명사	물, 강

*중국인들은 '~水'의 형태로 써서 '~강'이라고 표현하기도 합니다.

水平	shuǐpíng	명사	수준
四	sì	수사	4, 사, 넷
算	suàn	동사	셈(계산)하다, 셈에 넣다, ~인 셈이다
所有	suǒ yǒu	형용사	모든, 전부의

*所(바 소)는 '~하는 바'를, 그리고 有(있을 유)는 '있다'를 뜻하므로 '있는 바', 즉 특정 공간에 존재하는 모든 것을 가리킵니다.

T	天	tiān	명사	하늘
	天气	tiān qì	명사	날씨, 일기

*한국어 '天氣'는 '하늘의 기밀, 조화의 신비'로 풀이되어서, 그 의미가 비교적 무겁고 심오합니다. 반면에 중국어 '天气'는 말 그대로 '하늘의 기운' 즉 '날씨'가 됨에 유의해야 합니다.

同时	tóng shí	명사	동시, 같은 시간
同学	tóng xué	명사	학우

*이 단어는 같은 학교나 학급에서 함께 배운 동창이나 동급생을 뜻할 뿐 아니라, 윗사람이 학생에 대해서도 쓸 수 있음에 유의해야 합니다.

W	外	wài	명사	밖, 바깥
	外国	wài guó	명사	외국

外语	wài yǔ	명사	외국어
外文	wài wén	명사	외국어
万	wàn	수사	10000, 만

*한국어와 달리, 중국어에서는 '백' 이상 단위는 반드시 앞에 一(yī)을 붙여주어야 함에 주의해야 합니다.

예) 一万(yí wàn): 만

文化	wén huà	명사	문화, 교양, 소양
文学	wén xué	명사	문학
文学家	wén xué jiā	명사	문학자, 문학가
问	wèn	동사	묻다
五	wǔ	수사	5, 오, 다섯

X	西	xī	명사	

*중국어는 짝수를 선호하므로, 이 단어는 단독으로 잘 쓰이지 않습니다. 따라서 보통은 아래의 형태로 더 많이 활용됩니다.

西方	xī fāng	명사	서방, 서쪽
下	xià	동사	내리다

*'내리다' 역시 '구 내는 의미와, '궤도에서 내리다, 본격적으로 끝나다'라는 의미로 나눌 수 있습니다.

下	xià	명사	아래
下	xià	양사	번, 차례

*이 단어가 양사로 사용되는 경우는 '내리다'라는 의미에서 파생된 겁니다. 다시 말해서, 뭔가를 내려놓는 시간 즉 짧은 시간 동안 행하는 차례를 뜻합니다.

예) 一下 (yí xià): 좀 하다.

下来	xià lái	동사	내려오다

*한국어와 마찬가지로, 중국어의 이합동사(두개의 동사가 합쳐진 형태) 역시 앞의 동사는 본동사가 되고 뒤의 동사는 방향을 나타내는 보조 동사로 바뀝니다.

下午	xià wǔ	명사	오후

*十二支(12지)에서 午(낮 오)는 11시~13시를 뜻합니다. 따라서 下午(하오)는 그 아래에 있는 시간대를 뜻하므로, 이는 한국어의 '오후'와 같은 의미를 지닙니다.

夏	xià	명사	여름

*중국어는 짝수를 선호하므로, 이 단어는 단독으로 잘 쓰이지 않습니다. 따라서 보통은 아래의 형태로 더 많이 활용됩니다.

夏天	xià tiān	명사	여름, 여름날, 여름철
先	xiān	명사/부사	앞/먼저, 우선

*이 단어는 부사로 쓰이는 경우가 있는데, 이는 사실 首先(shǒu xiān)을 줄인 형태입니다. 앞서 중국어는 기본적으로 짝수를 원칙으로 한다고 했으므로, 원칙적으로는 首先(shǒu xiān)이 맞는 표현이라는 걸 알 수 있을 겁니다. 하지만 말을 하거나 쓰는 데 있어 편리함을 추구하기 위해서 이처럼 줄여 쓰는 것이죠. 首先(shǒu xiān)은 乙(을)에 속하는 단어이기 때문에, 여기서는 자세히 설명하지 않고 넘어가겠습니다.

先生	xiān sheng	명사	선생(성인 또는 명성이 높은 남성에 대한 경칭), 남편
小	xiǎo	형용사/접두사	작다, 좁다/군

*이 단어는 사람의 姓(성) 앞에 쓰여서 접두사로 활용될 수 있는데, 이때는 상대방의 나이가 본인보다 더 어리고 친숙할 때 쓰입니다. 대표적인 예는 다음과 같습니다.

小李	xiǎo lǐ	접두사	이군
小时	xiǎo shí	명사	시간

*이 단어는 0~60분이 경과하는 한 시간의 단위를 나타냅니다.

心	xīn	명사	마음, 생각, 기분
姓	xìng	명사/동사	성씨/~을(를) 성으로 삼다
学	xué	동사	배우다, 학습하다
学生	xué sheng	명사	학생
学校	xué xiào	명사	학교

Y	也	yě	부사	역시, 도
	一下儿	yí xiàr		

*이 단어는 下(xià)의 양사 부분에서 설명한 바 있는데요. 다만 여기의 儿(er)은 전형적인 북방 사투리에 속하기 때문에, 표준어에서는 굳이 표현하지 않아도 됩니다.

一直	yì zhí	부사	줄곧, 계속, 곧장
有	yǒu	동사	있다, 가지고 있다
有名	yǒu míng	형용사	유명한, 명성이 있는
右	yòu	명사	오른쪽, 우측

*중국어는 짝수를 선호하므로, 이 단어는 단독으로 잘 쓰이지 않습니다.

又	yòu	부사	또, 다시

*이 단어는 이미 반복해서 발생한 상황에서만 쓸 수 있음에 유의해야 합니다. 반면에 再(zài)는 아직 발생하지 않은, 즉 미래에 반복해서 발생할 상황을 예측해서 쓰는 표현이지요.

雨	yǔ	명사	비
语言	yǔ yán	명사	말, 언어

*이처럼 중국어 단어 중에는 한국어의 한자와 의미가 같지만 그 어순이 뒤바뀐 경우가 있으니, 각별히 주의를 기울여야 합니다.

月	yuè	명사	달, 월(1년 12개월)

*참고로 설명하자면, 밤에 볼 수 있는 '달'은 단독으로 쓰이지 않고, 亮(밝을 량)과 함께 짝수로 씁니다.

Z	早	zǎo	형용사	(시간적으로) 이르다, 빠르다
	早上	zǎo shang	명사	아침

*上(shang)이 시간대를 나타내는 단어 뒤에 있을 때는, '때, 시간'이라는 의미를 갖습니다. 이는 짝수를 맞춰주기 위한 것이고, 또한 이때는 성조를 輕聲(경성)으로 발음함에 유의해야 합니다.

长	cháng	형용사/동사	길다, 오래다/잘하다, 뛰어나다.

*이 단어는 동사로 활용될 때, 단독으로 쓰이지 않습니다.

正	zhèng	부사	마침, 꼭, 딱
之间	zhī jiān	명사	~의 사이, 지간
纸	zhǐ	명사	종이
中	zhōng	명사/형용사	가운데, 중간/치우치지 않다
中间	zhōng jiān	명사	중간
中文	zhōng wén	명사	중국어/중국의 언어와 문자
中学	zhōng xué	명사	중등학교

*중국에서 中學(중학)은 중등 과정의 중학교와 고등 과정의 고등학교 과정을 포괄합니다.

住	zhù	동사	묵다, 거주하다, 살다
自己	zì jǐ	대명사	자신, 자기, 스스로
字	zì	명사	글자, 문자
祖国	zǔ guó	명사	조국, 조상들로부터 살아온 터전
左	zuǒ	명사	왼쪽, 좌측

*중국어는 짝수를 선호하므로, 이 단어는 단독으로 잘 쓰이지 않습니다.

나오면서

지금까지 한자의 가장 오래된 형태인 갑골문(甲骨文)과 금문(金文) 그리고 소전체(小篆體)를 통해서, HNK(한중상용한자능력시험) 7, 8급에 해당하는 한자들의 기원과 변화 과정을 살펴봤습니다.

한자는 각각의 문자마다 고유의 뜻을 담고 있는 표의 문자(表意文字)입니다. 따라서 우리는 한자의 기원과 발전 과정을 통해서, 옛사람들이 눈에 보이는 형이하학적 대상과 눈에 보이지 않는 형이상학적 관념을 각각 어떤 시각과 가치관을 갖고 대했는지 알 수 있었습니다.

나아가 본래 한 글자에 하나의 뜻을 지니고 있던 한자가 어떻게 점차 그렇게 많고도 다양한 뜻으로 확대되었는지도 이해할 수 있었습니다. 옛사람들의 사고방식이 어떤 발전 과정을 거쳐왔는지 추측할 수 있는 대목이죠.

그간 한자는 무조건 외워야 하는 것으로 간주되었고, 많은 이들이 배우기 어려워하는 건 물론이거니와 심지어 기피 대상으로 생각할 정도였습니다. 하지만 이제 한자는 외우는 것이 아닌 이해하는 대상임을 알 수 있을 겁니다. 아무쪼록 이 책이 한자에 대한 여러분들의 오해를 풀고 나아가 한자에 더 재밌게 다가설 수 있는 계기가 되기를 기대하면서, 이제 펜을 놓을까 합니다.

남녘 남南에는 남쪽이 없다
-한자의 뿌리로 옛사람의 생각을 읽다

초판 1쇄 발행일 2024년 8월 26일

지은이 안성재

펴낸이 박영희
편　집 조은별
디자인 김수현
마케팅 김유미
인쇄・제본 제삼인쇄

펴낸곳 도서출판 어문학사
주　소 서울특별시 도봉구 해등로 357 나너울카운티 1층
대표전화 02-998-0094 **편집부1** 02-998-2267 **편집부2** 02-998-2269
홈페이지 www.amhbook.com
e-mail am@amhbook.com
등　록 2004년 7월 26일 제2009-2호

X(트위터) @with_amhbook
인스타그램 amhbook
페이스북 www.facebook.com/amhbook
블로그 blog.naver.com/amhbook

ISBN 979-11-6905-031-9(93720)
정　가 16,000원